제2판

法學徒를 위한

漢字法律用語

金鍾世

제2판 서 문

    법학을 배우는 학생들에게 법률한자에 대한 두려움이나 불편함을 덜기 위해 작으나마 도움을 주고자 2005년 법무부 공직 생활 중에 작업을 시작한 것이 2016년 저서로 발행하게 되었다. 학생들의 강의와 이해의 편의를 위한 교재를 만드는 것이 얼마나 어려운 일인가를 다시 한번 실감하게 된다. 2016년 10월에 간행된 초판은 본의 아니게 크고 작은 실수를 드러내었음에도 불구하고 독자들의 성원과 질책에 힘입어 다소나마 위안을 가질 수 있었다. 틈틈이 최소한의 교정은 보았으나 미진한 곳이 한두 군데가 아니었다. 또한 이를 계기로 하여 수정하면서 가능한 간결하게 했으며 추가 내용으로 보완하였다.

    이번 작업에도 많은 분들의 도움이 있었다. 곧 구순을 앞두고 농사일을 아직 하고 계시는 부모님과 고희를 맞이하시는 처부모님께도 늘 감사할 따름이다. 또한 늘 곁에서 한결같이 힘이 되어 주는 아내 김진숙, 큰아들 김태현, 둘째 아들 김태윤에게도 고마울 뿐이다. 그리고 졸저인 저서의 수정작업을 해주신 강혜경 박사님, 박사과정 수료하신 박정선 선생님, 박사과정에 계시면서 늘 든든한 버팀목인 양문석 사장님, 사단법인 좋은 학교 만들기 석사과정 이원관 이사장님, 많은 일을 도맡아 계시는 석사 김정현 선생님, 이제 석사과정에서 열심히 학업에 정진하시는 이영세 사장님, 교육청에 근무하는 장준혁 행정실장님, 교육사업에 매진하는 임문혁 이사장님, 서예초대작가이신 석사 신정식 선생님, 이 모든 분들께 감사의 인사를 전하고 싶다.

2019년 4월
쉐턱관 연구실에서 저자 김종세 씀

목 차

제 1 장 부수한자(部首漢字) ... 1

　I. 육 서 ... 3
　III. 해 설 ... 4

제 2 장 한자법률용어 ... 27

　I. 헌 법 ... 29
　II. 민 법 ... 57
　III. 형 법 ... 115
　IV. 기 타 ... 145

제 3 장 사자성어(四字成語) 및 고사성어(故事成語) ... 169

Chapter 1

부수한자
(部首漢字)

I. 육 서
II. 해 설

I. 육 서

　육서(六書)는 한편으로는 한자(漢字)의 구조 및 사용에 관한 여섯 가지의 구별 명칭을 말하며, 이는 곧 상형(象形)·지사(指事)·회의(會意)·형성(形聲)·전주(轉注)·가차(假借)가 있다. 다른 한편으로는 한자의 여섯 가지 서체(書體)을 말하며, 이는 곧 고문(古文)·기자(奇字)·전서(篆書)·예서(隸書)·무전(繆篆)·충서(蟲書)가 있다. 본 저서에서의 육서는 전자를 가리키며 이에 대하여 부수한자의 1획부터 17획까지 해설한 것이다. 우선 육서에 대한 의미를 알아본다.

1. 상형(象形)
　한자 만드는 방법인 육서 가운데, 사물의 형상(形象·形像)을 본떠서 글자를 만드는 방법으로 해를 본떠서 日 자를 만드는 경우이다.

2. 지사(指事)
　한자 만드는 방법인 육서 가운데, 사물의 추상적인 개념을 본떠 만든 글자를 만드는 방법으로 上·下·一·二·三 따위가 이에 속한다.

3. 회의(會意)
　한자 만드는 방법인 육서 가운데, 둘 이상의 글자를 합하여 새로 한 글자를 만드는 방법으로 일(日)과 월(月)이 합(合)하여 명(明)이 되는 것처럼 이에 속한다.

4. 형성(形聲)
　한자 만드는 방법인 육서 가운데, 글자의 반은 뜻을 나타내고, 반은 음(音)을 나타내는 방법으로 간(澗)자에 있어서 간(間)은 음(音)이요, 삼수 곧 '氵'는 물의 뜻을 보인 것 따위가 이에 속한다.

5. 전주(轉注)
　한자 만드는 방법인 육서 가운데, 어떤 글자의 뜻을 그 글자와 같은 부류 안에서 다른 뜻으로 전용(轉用)하는 방법으로 예를 들어 樂이 즐거울 락, 노래 악, 좋아할 요로 읽히는 것이 이에 속한다.

6. 가차(假借)
　한자 만드는 방법인 육서 가운데, 어떤 말을 한자로 나타내고자 하는데 마땅한 글자가 없을 때, 이미 있는 한자의 음만 빌려서 그것을 적는 것을 말하며, 주로 외래어를 표기할 때 쓰는 데, 프랑스를 佛蘭西로 나타내는 것이 그 예로 들 수 있다.

Ⅱ. 해 설

☐ 1획

一 한 일
한 손가락을 옆으로 펴거나 나무젓가락 하나를 옆으로 뉘어 놓은 모양을 나타내어 「하나」를 뜻함.

丨 뚫을 곤
위에서 내리그어 「뚫음」을 나타낸 글자.

丶 점 주
떨어져 나간 「불똥」 같은 물체를 나타낸 글자.

丿 삐침 별
상우(上右)에서 하좌(下左)로 굽게 삐친 획.

乙 새 을
한가운데가 쥐는 곳이며 양쪽이 굽고 뽀족한 작은 칼의 모양, 일설(一說)에 이른 봄에 초목(草木)의 싹이 트려고 할 때, 추위 때문에 웅크리고 있는 모양.

亅 갈고리 궐
아래쪽 끝을 위로 구부린 갈고리 모양을 본떠 만듦.

☐ 2획

二 두 이
두 개의 손가락을 펴거나 나무젓가락 두개를 옆으로 뉘어 놓은 모양을 나타내어 「둘」을 뜻함.

亠 돼지해머리
亥(해)의 머리 부분과 모양이 같기 때문에 붙여진 이름.

人 사람 인
사람이 허리를 굽히고 서 있는 것을 옆에서 본 모양을 본뜬 글자.

儿 어진 사람 인
兒(아)의 간체자(簡體字). 사람의 두 다리를 본뜬 글자.

入 들 입
入(입)은 토담집 따위에 들어가는 것, 나중에 대궐 같은 건물에 들어가는 것을 內(내)라 일컫지만 본디 入(입)·內(내)·納(납)은 음도 뜻도 관계가 깊은 말이었음.

八 여덟 팔
捌(팔)과 동자(同字). 네 손가락씩 두 손을 편 모양을 나타내어 「여덟」을 뜻함. 혹은 물건이 둘로 나누어지는 모양, 등지다, 벌어지다, 헤어지다의 뜻.

冂 멀 경
冋(경)과 동자(同字). ㅣ(곤)은 먼 곳까지 이어져 뻗은 모양이고, 一(일)은 그 경계를 나누는 표시로 멀리 떨어진 곳을 나타냄.

冖 민갓머리
물건을 위에서 덮어씌워 사방으로 드리워 놓은 모양을 본뜸.

几 안석 궤
幾(기)의 간체자(簡體字). 다리가 뻗어 있고 안정되어 있는 책상을 본뜸.

凵 위 튼 입구
위가 터진 口의 모양이나, 땅이 우묵하게 팬 모양을 나타내는 상형문자로 무언가를 받아서 담는다는 의미가 있음.

刀 칼 도
칼을 본뜬 글자.

力 힘 력
팔에 힘을 주었을 때 근육이 불거진 모양.

勹 쌀 포
包(포)의 본자(本字). 사람이 몸을 굽혀 물건을 안은 모양을 본뜬 글자.

匕 비수 비
끝이 뾰족한 숟가락의 형상을 본뜬 글자.

匚 상자 방
물건을 넣어두는 상자를 옆에서 본 모양을 본뜬 글자.

匸 감출 혜
一(일)과 나머지 부분이 합하여 감추다, 숨기다의 뜻으로 쓰임.

十 열 십
두 손을 엇갈리게 하여 합친 모양을 나타내어 「열」을 뜻함.

卜 점 복
蔔(복)의 간체자(簡體字). 옛날에는 거북의 등딱지나 쇠뼈를 불에 구워 그 금을 보고 길흉(吉凶)을 판단했음.

卩 병부 절
㔾(절)과 동자(同字).

厂 민엄호
廠(창)의 간체자(簡體字). 벼랑의 위쪽이 앞으로 튀어나와 그 밑에서 사람이 살 만한 곳을 이룬 모양을 본뜬 글자.

厶 마늘모
私(사)의 고자(古字). 某(모)와 동자(同字). 팔꿈치를 구부려 물건을 자기 쪽으로 감쌈을 나타내어 「나」 또는 「사사롭다」의 뜻을 나타낸 글자.

又 또 우
오른손을 본뜬 글자.

□ 3획

口 입 구
입 모양을 본뜬 글자.

土 흙 토
초목(草木)의 싹이 흙덩이를 뚫고 땅 위로 돋아나는 모양을 본뜬 글자로 「흙」을 뜻함.

士 선비 사
하나를(一) 배우면 열을(十) 깨우치는 사람이라는 데서 「선비」를 뜻함.

夂 뒤져 올 치
발을 가리키는 止(그칠 지)를 거꾸로 한 글자로, 「머뭇거려서」, 「뒤져 옴」을 나타낸 글자.

夊 천천히 걸을 쇠
두 다리를 끌면서 「천천히 걸어감」을 나타낸 글자.

夕 저녁 석
夕(석)은 달의 모양을 본뜸.

大 큰 대
서 있는 사람을 정면으로 본 모양, 처음에는 옆에서 본 모양인 人(인)·匕(비) 따위와 같이, 다만 인간을 나타내는 글자였으나 나중에 구분하여 훌륭하다, 크다의 뜻으로 쓰임.

女 여자 녀
여자(女子)가 손을 앞으로 모으고 무릎을 꿇고 앉아 있는 모양을 본뜬 글자로 「계집」, 「여자(女子)」를 뜻함.

子 아들 자
어린아이가 두 팔을 벌리고 있는 모양을 본뜬 글자로 「아들」을 뜻함.

宀 갓머리
「움집」의 위를 「덮어씌운」 모양을 본뜬 글자. 여러 가옥(家屋)이나 그 부속물, 집 안의 상태 등을 뜻함.

寸 마디 촌
吋(촌)과 동자(同字).

小 작을 소
한 가운데의 갈고리궐(亅: 갈고리)部와 나눔을 나타내는 八(팔)을 합하여 물건을 작게 나누다의 뜻을 가짐.

尢 절름발이 왕
尤(우)의 본자(本字).

尸 주검 시
사람이 반듯이 누워 있는 모양을 본뜬 글자.

屮 왼손 좌
艸(초)의 고자(古字). 左(좌)와 통자(通字). 초목의 떡잎이 「싹터 나온」 모양을 본뜬 글자.

山 메 산
산의 봉우리가 뾰족뾰족하게 이어지는 모양을 본뜸.

巛 개미허리
川(천)의 본자(本字). 물이 흐르는 모양을 본떠 「내, 개울」의 뜻을 나타낸 글자.

工 장인 공
무언가의 도구의 모양.

己 몸 기
지사문자로 보는 견해도 있음. 본래 구불거리는 긴 끈의 모양을 본뜸.

巾 수건 건
앞치마 모양을 본뜸. 「건」의 음은 손을 닦는 것의 뜻에서 유래.

干 방패 간
乾(건), 幹(간)의 간체자(簡體字).

幺 작을 요
아기가 갓 태어날 때의 모양을 본떠 「작다」, 「어리다」의 뜻을 나타낸 글자.

广 엄호
廣(광)의 약자(略字). 廣(광)의 간체자(簡體字).

廴 민책받침
발을 「길게 끌며 멀리 걸어감」을 나타낸 글자.

廾 밑스물입
舁(공)과 동자(同字). 廿(입)의 약자(略字). 두 손으로 마주 잡아 받들어 올리는 모양을 본떠 「손을 맞잡다」, 「팔짱을 끼다」의 뜻을 나타낸 글자.

弋 주살 익
작은 가지에 지주(支柱)를 받친 형태를 본떠, 「말뚝」의 뜻으로 쓰임.

弓 활 궁
가운데가 불룩하게 굽은 활의 모양을 본뜸. 弓(궁)이 부수가 되어 글자를 만들 때는 활 또는 화살을 쏘는 동작과 관계가 있음을 나타냄.

彐 튼가로왈
彑(계)와 동자(同字). 「돼지의 머리」 또는 「고슴도치의 머리」의 뾰족한 모양을 본뜬 글자.

彡 터럭 삼
터럭 삼

彳 두인변
사람의 다리 모양을 본뜬 글자.

□ 4획

心 마음 심
옛날 사람은 심장이 몸의 한가운데 있고 사물을 생각하는 곳으로 알았음.

戈 창 과
나무로 된 자루에 끝이 뾰족한 쇠붙이를 달고, 손잡이가 있음을 나타낸 모양.

戶 지게 호
門(문)의 반쪽을 본뜬 글자. 護(호)와 음(音)이 같으므로 入口를 수호하는 것으로 설명됨.

手 손 수
다섯 손가락을 편 모양을 본뜬 글자.

支 가를지
하나하나의 물건을 갖다, 버티다의 뜻임.

제1장 부수한자

攵 둥글월문
우리나라에서는 한자 부수의 명칭으로 '둥글월문'이라 하는데, 이는 '글월 문(文)'의 자형과의 차이에서 붙여진 이름.

文 글월 문
攵(문)의 본자(本字).

斗 말 두
鬥(투)의 속자(俗字). 鬥(투)의 간체자(簡體字). 물건의 量(양)을 재는 자루가 달린 국자의 모양을 본뜸.

斤 도끼 근
가로획은 도끼의 머리를 본뜨고, 세로획은 자루를 본뜸. 그 밑에 있는 것은 뻐갠 나무를 본뜸.

方 모 방
양쪽에 손잡이가 달린 쟁기의 모양. 두 사람이 가지고 갈기 때문에 좌우(左右), 한 줄로 늘어놓다, 비교하다의 뜻.

无 없을 무
無(무)의 고자(古字). 無(무)의 간체자(簡體字).

日 날 일
해를 본뜬 글자.

曰 가로 왈
입을 벌리고 말함을 나타냄. (상형문자)입과 날숨을 본떠 목소리를 내어 말하다를 뜻함.

月 달 월
언제나 둥근 날일(日: 해)에 비하여 차고 이지러짐이 있으므로 초승달 혹은 반달의 모양을 글자로 삼음.

木 나무 목
땅에 뿌리를 박고 선 나무 모양을 본뜬 글자로 「나무」를 뜻함.

欠 하품 흠
缺(결)의 약자(略字). 사람이 크게 하품하는 모양을 본뜬 글자.

止 그칠지
止(지)는 사람 발자국의 모양, 발을 멈추고 그 자리에 있다의 뜻과 발을 움직여 나아간다는 뜻의 두 가지로 썼으나, 나중에는 주로 머문다는 뜻으로 씀.

歹 죽을사변
歺(알), 觰(대)와 동자(同字).

殳 갖은둥글월문
형성: 오른손(又)에 들고 있는 길다란 막대기인 무기란 뜻.

毋 말 무
母(모)에 一(일)을 더하여 여자를 범하는 자를 一(일)로 금지함의 뜻.

比 견줄 비
두 사람이 나란히 서 있어 비교하는 모양.

毛 터럭 모
사람의 눈썹이나 머리털이나 짐승의 털 모양, 본디는 깃털의 모양이라고도 하지만, 老(로)의 옛 자형(字形)의 머리털을 나타내는 부분과 닮았다고 함.

氏 가시 씨
산기슭에 있는 금방이라도 무너져 떨어질듯이 내민 언덕의 모양으로 「성」을 뜻함.

氣 기운 기
気(기)의 본자(本字).

水 물 수
시냇물이 흐르고 있는 모양을 본뜬 글자로「물」을 뜻함.

火 불 화
불이 타고 있는 모양을 본뜸. 화산이 불을 뿜는 모양이라고도 일컬어짐.

爪 손톱 조
손바닥을 아래로 하여 물건을 집어 올리려는 형상을 본뜬 글자.

父 아비 부
又(우: 손)와 ㅣ(곤: 회초리)의 합자(合字).

爻 효 효
역(易)의 하나하나의 괘(卦)를 이루는 여섯 개의 가로 그은 획(畫). '—'을 양(陽), '--'을 음(陰)으로 함.

爿 장수 장 변
丬(장)과 동자(同字).

片 조각 편
나무를 쪼개어 조각의 한 편을 본뜬 글자로「조각」을 뜻함.

牙 어금니 아
상하 서로 물고 있는 모양을 나타냄. 송곳니도 아래위 교차해서 서로 물고 있는 데서 牙(아)를 송곳니의 뜻으로 빌어 씀.

牛 소 우
뿔이 달린 소의 머리 모양을 본뜬 글자로「소」를 뜻함.

犬 개 견
개의 옆모양을 본뜬 글자.

제 1 장 부수한자

□ 5획

玄 검은 현
작을요(幺: 작다)部와 돼지해머리(亠: 머리 부분, 위)部의 합자(合字).

玉 구슬 옥
세 개의 구슬을 끈으로 꿴 모양, 중국 서북에서 나는 보석, 처음에는 王으로 썼으나 나중에 丶(점)을 더하여 王과 구별함.

瓜 오이 과
오이 덩굴에 열매가 달려있는 모양.

瓦 기와 와
土器(토기)의 굽은 모양을 본뜻 것이라고도 하고, 또 기와가 겹쳐 있는 모양을 본뜬 것이라고도 함.

甘 달 감
입 속에 물건을 물고 있음을 나타내며 입속에 머금고 맛봄을 뜻함.

生 날 생
풀이나 나무가 싹트는 모양.

用 쓸 용
감옥이나 집 따위를 둘러싸는 나무 울타리의 모양 같으나 卜(복: 점)과 中(중: 맞다)을 합한 모양이라느니 화살을 그릇에 넣는 모습이라느니 하는 여러 가지 설이 있음.

田 밭 전
경작지의 주의의 경계와 속에 있는 논두렁길을 본뜸. 본디 농경지나 사냥터를 나타냈지만, 우리나라에서는 특히 논은 畓(답), 밭은 田(전)으로 구별함.

疋 짤 필
무릎 아래의 모양을 본뜸.

제1장 부수한자 15

疒 병 질
앓는 사람이 물건에 기댄 모양을 본떴다. 'ㅡ'은 기대는 물건.

癶 필발머리
두 다리를 뻗친 모양을 본뜬 글자.

白 흰 백
햇빛이 위를 향하여 비추는 모양을 본뜬 글자로 「희다」, 「밝다」를 뜻함.

皮 가죽 피
又(우: 손)으로 가죽(又를 제외한 부분)을 벗기는 것을 나타내어, 벗긴 가죽을 뜻함.

目 눈 목
사람의 눈의 모양, 처음엔 보통 눈과 같이 가로로 길게 썼는데 나중에 세로의 긴 자형(字形)으로 변한 것은 글이 세로 쓰기인 데 맞춘 것.

矛 창 모
장식(裝飾)이 달린 긴 창을 본뜬 글자.

矢 화살 시
笶(시)의 본자(本字). 화살촉과 깃의 모양을 본뜸.

石 돌 석
언덕 아래 뒹굴고 있는 돌의 모양을 나타내며 「돌」을 뜻함.

示 보일 시
제물(祭物)을 차려 놓은 제단의 모양을 본뜬 글자로 제물을 신에게 보여 준다는 의미로 「보이다」를 뜻함.

禸 짐승 발자국 유
짐승의 몸통과 다리, 늘어진 꼬리를 본뜬 글자.

禾 벼 화
곡물(穀物)의 이삭이 축 늘어진 모양을 본 뜸.

穴 구멍 혈
혈거생활(穴居生活)의 주거를 본뜬 모양.

立 설 립
사람이 대지 위에 서 있는 모습을 본 뜬 글자.

□ 6획

竹 대 죽
대나무 잎의 모양을 나타냄.

米 쌀 미
중국(中國)에서는 쌀을 대미(大米)·조를 소미(小米)라 일컬었고 우리는 보리·수수·조 따위에 대(對)하여 쌀을 米(미)자로 나타냄.

糸 실 사
실타래의 모양을 본뜬 글자.

缶 장군 부
罐(관)의 약자(略字). 배가 불룩하고 목이 좁은 아가리로 된 병의 모양을 본뜬 글자.

网 그물 망
網(망)의 간체자(簡體字).

羊 양 양
양의 머리를 본뜬 글자.

羽 깃 우
翯(우)와 통자(通字). 새의 날개의 모양을 본뜸.

老 늙을 로
머리카락이 길고 허리가 굽은 노인이 지팡이를 짚고 서 있는 모양을 본뜸.

而 말이을 이
턱 수염의 모양, 수염. 음(音)을 빌어 어조사로 씀.

耒 쟁기 뢰
木(목)과 㐬(개)가 합(合)하여 이루어짐. 㐬(개)는 흐트러진 풀을 말하는 데, 나무로 만든 농기구로 풀을 갈아엎는다는 뜻을 나타냄.

耳 귀 이
귀의 모양을 본뜬 글자.

聿 붓 율
붓을 손에 들고 있는 모양.

肉 고기 육
신에게 바치는 동물의 고기의 썬 조각.

臣 신하 신
본디 크게 눈을 뜬 모양을 형상화함.

自 스스로 자
사람의 코의 모양을 본뜬 글자. 사람은 코를 가리켜 자기를 나타내므로 스스로란 뜻으로 삼고 또 혼자서…로부터 따위의 뜻으로도 씀.

至 이를 지
새가 땅(一)을 향하여 내려앉는 모양이라 하여 「이르다」를 뜻함.

臼 절구 구
확을 본뜬 글자. 안에 있는 점은 확 안에 든 쌀을 나타냄

舌 혀 설
입으로 내민 혀의 모양을 형상화하여 혀의 뜻을 나타냄.

舛 어그러질 천
왼쪽을 향한 발과 오른쪽을 향한 발로 이루어지며 사람이 서로 등지는 뜻.

舟 배 주
통나무배의 모양을 본뜬 글자.

艮 괘 이름 간
銀(은)의 약자(略字). 본래(本來), 사람이 눈을 뒤로 向(향)하게 한 모양으로 「외면하다(外面--)」, 「원망하다」, 「배신하다」 등의 뜻을 나타냄.

色 빛 색
사람의 마음과 안색은 「병부절(卩(=㔾)무릎마디, 무릎을 꿇은 모양)部」처럼 일치한다는 데서 「안색」, 「빛깔」을 뜻함.

艸 풀 초
艸(초)는 많은 풀이 가지런히 나 있는 모양을 본뜸.

虍 범호 엄
호피(虎皮)의 무늬를 본뜬 글자.

虫 벌레 훼
蟲(충)의 속자(俗字). 蟲(충)의 간체자(簡體字).

血 피 혈
제사에 희생의 짐승의 피를 그릇에 가득 담아 바친 모양, 옛날엔 약속을 할 때, 이 피를 서로 빨곤 하였음.

行 갈 행
彳(척: 왼발의 걷는 모양)과 亍(촉: 오른발의 걷는 모양)의 합자(合字). 좌우의 발을 차례로 옮겨 걷는다의 뜻을 나타냄.

衣 옷 의
옷을 입고 깃을 여민 모양을 본뜬 글자.

襾 덮을 아
覀(아)와 동자(同字). 凵(감)와 冂(경), 一(일)의 합자.

□ 7획

見 볼 견
目(목)은 눈, 見(견)은 눈의 기능. 나중에 이쪽으로부터 보는 것을 視(시), 저쪽으로부터 나타나 보이는 것을 見(견)으로 나누어 썼음.

角 뿔 각
짐승의 뿔의 모양을 본뜬 글자로 「뿔」, 「모서리」를 뜻함.

言 말씀 언
辛(신)과 口(구)의 합자.

谷 율 곡
穀(곡), 穀(곡)의 간체자(簡體字).

豆 콩 두
뚜껑(一)과 그릇(口)과 발(丷)로 이루어짐. 고기를 담는 식기의 모양을 본뜸.

豕 돼지
豖(시)의 본자(本字). 돼지의 머리, 네 다리와 꼬리의 모양을 본뜸.

豕 갖은 돼지 시
짐승이 먹이를 노려, 몸을 낮추어 이제 곧 덮치려 하고 있는 모양을 본뜬 글자.

貝 조개 패
두 개의 조가비를 가진 조개류의 모양.

赤 붉을 적
큰 불(火)이 나서 땅(土)이 붉게 보인다는 뜻이 합하여「붉다」를 뜻함.

走 달릴 주
夭(요)는 사람을 나타내는 大(대)를 변형(變形)한 모양.

足 발 족
무릎에서 발끝까지의 모양을 본뜬 글자로「발」을 뜻함.

身 몸 신
형성문자로 보는 견해도 있음. 아기를 가진 여자의 모습을 본뜬 글자로「몸」을 뜻함.

車 수레 거
수레의 모양을 본뜸.

辛 매울 신
종의 이마에 먹실을 넣는 바늘의 모양을 본뜸.

辰 별 진
조개가 껍떼기에서 발을 내밀고 있는 모양을 본뜸.

辶 책받침
'彳'는 가다, '止'는 서다(멎다), 합하여, 가다가는 쉬고, 쉬다가는 간다는 뜻을 나타냄.

邑 고을 읍
口(구: 나라)와 병부절(卩(=㔾): 무릎마디, 무릎을 꿇은 모양)部의 합자.

酉 닭 유
술을 빚는 술 단지의 모양을 본뜸. 본디 술의 뜻.

釆 분별할 변
辨(변)의 본자(本字). 짐승의 발자국 모양을 본뜬 글자로, 그 발자국으로 짐승을 알아 낸다는 데서 「분별하다」의 뜻을 나타냄.

里 마을 리
裏(리)의 간체자(簡體字). 裡(리)와 동자(同字). 田(전)과 土(토)의 합자.

□ 8획

金 쇠 금
음(音)을 나타내는 今(금)의 생략형(省略形: 세월이 흐르고 쌓여 지금에 이르름)과 흙 (土) 속에 광물(두 개의 점)을 담고 있다는 뜻을 합(合)하여 「쇠」, 「금」을 뜻함.

長 길 장
머리털이 긴 노인이 단장을 짚고 서 있는 모양, 나중에 노인, 길게 자라다, 길다 따위 의 뜻에 쓰임.

門 문 문
두 개의 문짝이 있는 문의 모양. 문짝을 맞추어 닫는 출입구.

阜 언덕 부
산의 측면 단층의 모양을 본뜸.

隶 미칠 이
隸(례)의 간체자(簡體字). 又(우)와 尾(미)의 생략형(省略形)의 합자.

隹 새 추
꼬리가 짧고 통통한 새를 본떠, 작은 새의 뜻을 나타냄.

雨 비 우
하늘에서 물방울이 떨어지고 있는 모양을 본뜸.

靑 푸를 청
青(청)의 본자(本字). 붉은 돌(丹) 틈에서 피어나는 새싹(生)은 더욱 푸르러 보인다는 뜻이 합(合)하여 「푸르다」를 뜻함.

非 아닐 비
새의 좌우(左右)로 벌린 날개, 나중에 배반하다, …은 아니다 따위의 뜻으로 씀.

□ 9획

面 낯 면
麵(면), 麪(면)의 간체자(簡體字). 靣(면)이 속자(俗字).

革 가죽 혁
䩯(극)과 동자(同字). 가죽을 손으로 벗기고 있는 모양.

韋 다룸가죽 위
큰입구몸(囗: 에워싼 모양)部(둘레)의 바깥을 좌우(左右) 엇갈린 발자국 천(舛)을 내면서 빙빙 도는 모양을 나타냄.

韭 부추 구
韮(구)와 동자(同字). 땅 위에 무리지어 나 있는 부추의 모양을 본뜸.

音 소리 음
言(언)의 口(구)속에 또는 一(일)을 더한 모양, 노래 부르거나 외거나 할 때에 곡조(曲調)를 붙인 말, 또는 목구멍 속에서 나는 소리, 뚜렷한 말이 되지 않는 음성(音聲), 음

(음)을 글자의 성분(成分)으로 하는 글자에는 어둡다는 뜻이 있음.

頁 머리 혈
상부는 머리털, 중부는 얼굴, 하부는 수염의 모양을 본뜬 글자.

風 바람 풍
무릇(凡) 태풍이 지나간 다음에 병충(蟲)이 많이 번식한다는 뜻을 합하여 「바람」을 뜻함.

飛 날 비
새가 날개 치며 나는 모양.

食 밥 식
사람(人)이 살아가기 위해 좋아하며(良) 즐겨먹는 음식물로 「밥」을 뜻함.

首 머리 수
얼굴·머리·목등 사람의 머리 앞모양을 본뜬 글자.

香 향기 향
馫(향)과 통자(通字). 黍(서)와 甘(감)의 합자. 맛이 좋은 기장의 뜻.

□ 10획

馬 말 마
말의 모양(머리와 갈기와 꼬리와 네 다리)을 본뜸.

骨 뼈 골
月(월)과 부수(部首)를 제외한 글자 咼(과)의 합자.

高 높을 고
髙(고)의 본자(本字). 성의 망루의 모양. 후에 단순히 높음의 뜻이 됨.

髟 긴털 드리울 표
長(장)의 고자(古字)인 镸(장)과 彡(삼)의 합자(合字).

鬥 싸울 투
두 사람이 손에 병장기(兵仗器) 따위의 물건을 들고 서로 대항하여 '다툰다'는 뜻.

鬯 울창주 창
위튼입구몸(凵: 위가 터진 그릇)部와 米(미), 匕(비)의 합자.

鬲 다리 굽은 솥 력
다리가 셋 있는 솥을 본떠 「솥」을 나타냄.

鬼 귀신 귀
무시무시한 머리를 한 사람의 形像(형상)으로 죽은 사람의 魂(혼)의 뜻을 나타냄.

□ 11획

漁 물고기 어
뜻을 나타내는 삼수변(氵(=水, 氺)물)部와 음(音)을 나타내는 魚(어: 물고기)가 합하여 이루어짐.

鳥 새 조
새의 모양, 나중에 꼬리가 긴 새를 鳥(조), 꼬리가 짧은 새를 새추(隹: 새)部라고 구별하였으나 본디는 같은 자형(字形)이 두 가지로 나누어진 것이며 어느 쪽도 뜻에 구별은 없음.

鹵 소금밭 로
壚(로)와 동자(同字). 암염을 싼 모양을 본뜸.

鹿 사슴 록
수사슴의 뿔·머리·네 발의 모양을 본뜸. 부수로 되어 사슴에 관한 뜻을 나타냄.

麥 보리 맥
來(래: 보리)과 뒤져올치(夊: 머뭇거림, 뒤져 옴)部(발로 밟는 일)의 합자.

麻 삼 마
엄호(广: 집)部와 부수(部首)를 제외한 나머지 글자 朩(파: 삼의 껍질을 벗김)의 합자.

☐ 12획

黃 누를 황
黃(황)의 본자(本字). 田(전)과 음(音)을 나타내는 光(광: 빛)이 합하여 이루어짐.

黍 기장 서
곡식(穀食)을 나타내는 禾(화)와 나머지 글자인 雨(우)의 생략형이 합하여 이루어짐.

黑 검을 흑
불을(火) 피워 창이 검게 그을린다는 뜻이 합하여 「검다」를 뜻함.

黹 바느질 치
바늘에 꿴 실로 수를 놓은 비단을 본뜬 글자.

☐ 13획

黽 맹꽁이 맹
맹꽁이를 본떠, 「맹꽁이」의 뜻을 나타냄.

鼎 솥 정
鼎(정)은 발이 셋, 귀가 둘 달린 쇠솥을 본뜸.

鼓 북 고
支(지: 대나무가지)와 壴(주)의 합자. 대나무가지로 북을 친다는 뜻.

鼠 쥐 서
쥐의 이와 몸을 본뜸.

□ 14획

鼻 코 비
自(자: 코의 모양)와 음(音)을 나타내는 畀(비: 물건을 주는 일)로 이루어짐.

齊 가지런할 제
斉(제)의 본자(本字). 齋(재)와 동자(同字). 곡물(穀物)의 이삭이 가지런히 돋은 모양을 본뜸.

□ 15획

齒 이 치
'이'가 나란히 서 있는 모양을 그린 것. '이'에 '止'를 더했는데, 이는 '지→치'로 음을 나타냄.

□ 16획

龍 용 룡
竜(룡)의 본자(本字).

龜 거북 귀
亀(귀)의 본자(本字). 거북의 모양을 본뜬 글자

□ 17획

龠 피리 약
籥(약)과 동자(同字). 부는 구멍이 있는 관(管)을 나란히 엮은 모양을 본떠, 「관악기(管樂器)」, 「피리」의 뜻을 나타냄.

Chapter 2

한자법률용어

I. 헌 법
II. 민 법
III. 형 법
IV. 기 타

Ⅰ. 大韓民國憲法(대한민국헌법)

前文		悠久		歷史		傳統		大韓民國			
전	문	유	구	역	사	전	통	대	한	민	국
앞	글월	멀	오랠	지낼	역사	전할	거느릴	큰	나라 이름	백성	나라

運動		建立		臨時政府				法統		繼承	
운	동	건	립	임	시	정	부	법	통	계	승
돌	움직일	세울	설	임할	때	정사	곳집	법	거느릴	이을	받들

不義抗拒				民主理念				祖國		改革	
불	의	항	거	민	주	이	념	조	국	개	혁
아닐	옳을	막을	막을	백성	주인	다스릴	생각할	조상	나라	고칠	가죽

平和統一				使命		立脚		正義		人道	
평	화	통	일	사	명	입	각	정	의	인	도
평평할	화할	거느릴	한	하여금	목숨	설	다리	바를	옳을	사람	길

同胞		民族		團結		鞏固		社會	
동	포	민	족	단	결	공	고	사	회
같을	세포	백성	겨레	둥글	맺을	굳을	굳을	단체	모일

第1章(제1장) 總綱(총강)

共和		主權		權力		要件		法律		國家	
공	화	주	권	권	력	요	건	법	률	국	가
함께	화할	주인	권세	권세	힘	구할	사건	법	법	나라	집

在外國民				保護		領土		半島		指向	
재	외	국	민	보	호	영	토	반	도	지	향
있을	밖	나라	백성	지킬	보호할	거느릴	흙	반	섬	손가락	향할

附屬島嶼				統一		政策樹立				推進	
부	속	도	서	통	일	정	책	수	립	추	진
붙을	엮을	섬	섬	거느릴	한	정사	계책	나무	설	밀	나아갈

維持		國際平和				努力		侵略		戰爭	
유	지	국	제	평	화	노	력	침	략	전	쟁
바	가질	나라	사이	평평할	화할	힘쓸	힘	침노할	다스릴	싸울	다툴

否認		國軍		安全保障				國土防衛			
부	인	국	군	안	전	보	장	국	토	방	위
아닐	알	나라	군사	편안할	온전할	지킬	가로막을	나라	흙	막을	지킬

神聖		遂行		使命		政治		中立		遵守	
신	성	수	행	사	명	정	치	중	립	준	수
귀신	성스러울	이를	갈	하여금	목숨	정사	다스릴	가운데	설	좇을	지킬

締結		公布		一般		條約		承認		國內	
체	결	공	포	일	반	조	약	승	인	국	내
맺을	맺을	공평할	펼	한	돌	가지	묶을	받들	알	나라	안

國際		法規		效力		外國		地位		保障	
국	제	법	규	효	력	외	국	지	위	보	장
나라	사이	법	법	본받을	힘	밖	나라	땅	자리	지킬	가로막을

公務		全體		奉仕		身分		政黨		設立	
공	무	전	체	봉	사	신	분	정	당	설	립
공평할	일	온전할	몸	받들	벼슬할	몸	나눌	정사	무리	베풀	설

目的		複數		政黨		組織		活動		意思	
목	적	복	수	정	당	조	직	활	동	의	사
눈	과녁	겹옷	셀	정사	무리	끈	짤	살	움직일	뜻	생각할

形成		參與		必要		政黨		運營		資金	
형	성	참	여	필	요	정	당	운	영	자	금
모양	이룰	간여할	줄	반드시	구할	정사	무리	돌	경영할	재물	쇠

補助	活動	違背	政府	憲法	裁判
보 조	활 동	위 배	정 부	헌 법	재 판
기울 / 도울	살 / 움직일	어길 / 등	정사 / 곳집	법 / 법	마를 / 판가름할

解散	提訴	審判	傳統	文化	發展
해 산	제 소	심 판	전 통	문 화	발 전
풀 / 흩을	끌 / 하소연할	살필 / 판가름할	전할 / 거느릴	글월 / 될	쏠 / 펼

暢達
창 달
화창할 / 통달할

第2章(제2장) 國民(국민)의 權利(권리)와 義務(의무)

人間	尊嚴	價値	幸福追求	個人
인 간	존 엄	가 치	행 복 추 구	개 인
사람 / 사이	높을 / 엄할	값 / 값	다행 / 복 / 쫓을 / 구할	낱 / 사람

不可侵	基本	人權	確認	平等	性別
불 가 침	기 본	인 권	확 인	평 등	성 별
아닐 / 옳을 / 침노할	터 / 밑	사람 / 권세	굳을 / 알	평평할 / 무리	성품 / 나눌

宗	教	社	會	經	濟	生	活	領	域	差	別
종	교	사	회	경	제	생	활	영	역	차	별
마루	가르칠	단체	모일	지날	건널	날	살	거느릴	지경	어긋날	나눌

特	殊	階	級	制	度	認	定	形	態	創	設
특	수	계	급	제	도	인	정	형	태	창	설
특별할	다를	섬돌	등급	마를	법도	알	정할	모양	모양	비롯할	베풀

勳	章	榮	典	特	權	身	體	適	法	節	次
훈	장	영	전	특	권	신	체	적	법	절	차
공	글	영화	법	특별할	권세	몸	몸	맞을	법	마디	버금

處	罰	保	安	處	分	强	制	勞	役	拷	問
처	벌	보	안	처	분	강	제	노	역	고	문
곳	죄	지킬	편안할	곳	나눌	군셀	마를	일할	부릴	칠	물을

刑	事	自	己	不	利	陳	述	强	要	法	官
형	사	자	기	불	리	진	술	강	요	법	관
형벌	일	스스로	자기	아닐	이로울	늘어놓을	지을	군셀	구할	법	벼슬

檢	事	申	請	令	狀	發	付	提	示	境	遇
검	사	신	청	영	장	발	부	제	시	경	우
검사할	일	말할	청할	영	문서	필	줄	끌	보일	지경	만날

現	行	犯	人	長	期	該	當	逃	避	念	慮
현	행	범	인	장	기	해	당	도	피	염	려
나타날	갈	범할	사람	길	기약할	그	당할	달아날	피할	생각할	생각할

證	據	湮	滅	事	後	請	求	辯	護	助	力
증	거	인	멸	사	후	청	구	변	호	조	력
증거	의거할	잠길	없어질	일	뒤	청할	구할	말잘할	보호할	도울	힘

刑	事	被	告	告	知	家	族	理	由	日	時
형	사	피	고	고	지	가	족	이	유	일	시
형벌	일	입을	알릴	알릴	알	집	겨레	다스릴	말미암을	해	때

場	所	遲	滯	通	知	適	否	審	査	法	院
장	소	지	체	통	지	적	부	심	사	법	원
마당	바	늦을	막힐	통할	알	맞을	아닐	살필	조사할	법	담

自	白	暴	行	脅	迫	不	當	長	期	欺	罔
자	백	폭	행	협	박	부	당	장	기	기	망
스스로	흰	사나울	갈	위협할	다그칠	아닐	마땅할	길	기약할	속일	속일

其	他	方	法	自	意	定	式	裁	判	唯	一
기	타	방	법	자	의	정	식	재	판	유	일
터	다를	모	법	스스로	뜻	정할	법	마를	판가름할	오직	한

有	罪	證	據	處	罰	行	爲	構	成	訴	追
유	죄	증	거	처	벌	행	위	구	성	소	추
있을	허물	증거	의거할	곳	죄	갈	할	얽을	이룰	하소연할	쫓을

同	一	犯	罪	遡	及	立	法	參	政	制	限
동	일	범	죄	소	급	입	법	참	정	제	한
같을	한	범할	허물	거슬러올라갈	미칠	설	법	간여할	정사	마를	한계

財	産	剝	奪	親	族	利	益	處	遇	職	業
재	산	박	탈	친	족	이	익	처	우	직	업
재물	낳을	벗길	빼앗을	친할	겨레	이로울	더할	곳	만날	벼슬	업

居	住	移	轉	侵	害	生	活	秘	密	通	信
거	주	이	전	침	해	생	활	비	밀	통	신
있을	살	옮길	구를	침노할	해칠	날	살	숨길	조용할	통할	믿을

良	心	國	敎	分	離	言	論	出	版	集	會
양	심	국	교	분	리	언	론	출	판	집	회
어질	마음	나라	가르칠	나눌	떼어놓을	말씀	말할	날	널	모일	모일

結	社	許	可	檢	閱	通	信	放	送	施	設
결	사	허	가	검	열	통	신	방	송	시	설
맺을	단체	허락할	옳을	검사할	검열할	통할	믿을	놓을	보낼	베풀	베풀

基準	新聞	機能	事項	他人	名譽
기 준	신 문	기 능	사 항	타 인	명 예
터 / 법	새 / 들을	틀 / 능할	일 / 목	다를 / 사람	이름 / 기릴

公衆道德		社會	倫理	被害	賠償
공 중 도 덕		사 회	윤 리	피 해	배 상
공평할 / 무리 / 길 / 덕		단체 / 모일	인륜 / 다스릴	미칠 / 해칠	물어줄 / 갚을

學問	藝術	著作	發明	科學	技術
학 문	예 술	저 작	발 명	과 학	기 술
배울 / 물을	기예 / 꾀	나타날 / 지을	필 / 밝을	과정 / 배울	재주 / 꾀

保護	內容	限界	行使	公共福利		
보 호	내 용	한 계	행 사	공 공 복 리		
지킬 / 보호할	안 / 모양	한계 / 지경	갈 / 하여금	공평할 / 함께 / 복 / 이로울		

適合	必要	收用	使用	補償	支給
적 합	필 요	수 용	사 용	보 상	지 급
맞을 / 합할	반드시 / 구할	거둘 / 쓸	하여금 / 쓸	기울 / 갚을	가를 / 줄

選擧	公務擔任			國家機關			文書
선 거	공 무 담 임			국 가 기 관			문 서
가릴 / 들	공평할 / 일 / 멜 / 맡길			나라 / 집 / 틀 / 기관			글월 / 글

請願		審査		裁判		軍人		軍務		重大	
청	원	심	사	재	판	군	인	군	무	중	대
청할	원할	살필	조사할	마를	판가름할	군사	사람	군사	일	무거울	클

軍事		機密		哨兵		哨所		有毒		飲食	
군	사	기	밀	초	병	초	소	유	독	음	식
군사	일	틀	빽빽할	망볼	군사	망볼	바	있을	독	마실	밥

供給		捕虜		軍用		非常戒嚴				宣布	
공	급	포	로	군	용	비	상	계	엄	선	포
이바지할	줄	사로잡을	포로	군사	쓸	아닐	항상	경계할	엄할	베풀	펼

除外		法院		迅速		確定		無罪推定			
제	외	법	원	신	속	확	정	무	죄	추	정
섬돌	밖	법	담	빠를	빠를	굳을	정할	없을	허물	밀	정할

被害		判決		補償		職務		不法行爲			
피	해	판	결	보	상	직	무	불	법	행	위
미칠	해칠	판가름할	터질	기울	갚을	벼슬	일	아닐	법	갈	할

損害		公共		團體		正當		自身		警察	
손	해	공	공	단	체	정	당	자	신	경	찰
덜	해칠	공평할	함께	둥글	몸	바를	당할	스스로	몸	경계할	살필

公務	戰鬪	訓練	職務	執行	關聯
공 무	전 투	훈 련	직 무	집 행	관 련
공평할 / 일	싸울 / 싸움	가르칠 / 익힐	벼슬 / 일	잡을 / 갈	빗장 / 잇달

犯罪	行爲	生命	身體	救助	敎育
범 죄	행 위	생 명	신 체	구 조	교 육
범할 / 허물	갈 / 할	날 / 목숨	몸 / 몸	구원할 / 도울	가르칠 / 기를

子女	初等	義務	無償	自主	專門
자 녀	초 등	의 무	무 상	자 주	전 문
아들 / 계집	처음 / 등급	옳을 / 일	없을 / 갚을	스스로 / 주인	오로지 / 문

大學	自律	平生	振興	學校	包含
대 학	자 율	평 생	진 흥	학 교	포 함
클 / 배울	스스로 / 법	평평할 / 날	떨칠 / 일	배울 / 학교	쌀 / 머금을

制度	運營	財政	敎員	基本	勤勞
제 도	운 영	재 정	교 원	기 본	근 로
마를 / 법도	돌 / 경영할	재물 / 정사	가르칠 / 사람	터 / 밑	부지런할 / 일할

雇傭	增進	適正	賃金	最低	施行
고 용	증 진	적 정	임 금	최 저	시 행
품살 / 품팔이	더할 / 나아갈	맞을 / 바를	품팔이 / 쇠	가장 / 밑	베풀 / 갈

條件	民主	主義	原則	基準	尊嚴
조 건	민 주	주 의	원 칙	기 준	존 엄
가지 / 사건	백성 / 주인	주인 / 옳을	근원 / 법칙	터 / 법	높을 / 엄할

女子	特別	保護	條件	差別	年少
여 자	특 별	보 호	조 건	차 별	연 소
계집 / 아들	특별할 / 나눌	지킬 / 보호할	가지 / 사건	어긋날 / 나눌	해 / 적을

國家	有功	傷痍	軍警	戰歿	家族
국 가	유 공	상 이	군 경	전 몰	가 족
나라 / 집	있을 / 공	다칠 / 상처	군사 / 경계할	싸울 / 죽을	집 / 겨레

優先	機會	賦與	團結	主要	防衛
우 선	기 회	부 여	단 결	주 요	방 위
넉넉할 / 먼저	틀 / 모일	구실 / 줄	둥글 / 맺을	주인 / 구할	막을 / 지킬

産業	從事	團體交涉	團體行動
산 업	종 사	단 체 교 섭	단 체 행 동
낳을 / 업	좇을 / 일	둥글 / 몸 / 사귈 / 건널	둥글 / 몸 / 갈 / 움직일

社會保障	社會福祉	權益	老人
사 회 보 장	사 회 복 지	권 익	노 인
단체 / 모일 / 지킬 / 가로막을	단체 / 모일 / 복 / 복	권세 / 더할	늙을 / 사람

少年	福祉	向上	政策	身體	障礙
소 년	복 지	향 상	정 책	신 체	장 애
적을 / 해	복 / 복	향할 / 위	정사 / 계책	몸 / 몸	가로막을 / 거리낄

疾病	老齡	生活	能力	災害	豫防
질 병	노 령	생 활	능 력	재 해	예 방
병 / 병	늙을 / 나이	날 / 살	능할 / 힘	재앙 / 해칠	미리 / 막을

危險	快適	環境	保全	住宅	開發
위 험	쾌 적	환 경	보 전	주 택	개 발
위태할 / 험할	쾌할 / 갈	고리 / 지경	지킬 / 온전할	살 / 집	열 / 쏠

政策	婚姻	家族	生活	個人	尊嚴
정 책	혼 인	가 족	생 활	개 인	존 엄
정사 / 채찍	혼인할 / 혼인	집 / 겨레	날 / 살	낱 / 사람	높을 / 엄할

兩性	基礎	母性	保健	本質	納稅
양 성	기 초	모 성	보 건	본 질	납 세
두 / 성품	터 / 주춧돌	어머니 / 성품	지킬 / 튼튼할	밑 / 바탕	바칠 / 징수할

國防	兵役	義務	處遇
국 방	병 역	의 무	처 우
나라 / 막을	군사 / 부릴	옳을 / 일	곳 / 만날

第3章 國會(국회)

立法	普通	直接	秘密	選擧	選出
입법	보통	직접	비밀	선거	선출
설 / 법	널리 / 통할	곧을 / 교차할	숨길 / 조용할	가릴 / 들	가릴 / 날

國會	議員	以上	比例	代表	任期
국회	의원	이상	비례	대표	임기
나라 / 모일	의논할 / 사람	써 / 위	견줄 / 법식	대신할 / 겉	맡길 / 기약할

現行	犯人	會期	同意	國家	利益
현행	범인	회기	동의	국가	이익
나타날 / 갈	범할 / 사람	모일 / 기약할	같을 / 뜻	나라 / 집	이로울 / 더할

優先	濫用	公共	團體	企業	契約
우선	남용	공공	단체	기업	계약
넉넉할 / 먼저	퍼질 / 쓸	공평할 / 함께	둥글 / 몸	꾀할 / 업	맺을 / 묶을

處分	財産	取得	他人	斡旋	定期
처분	재산	취득	타인	알선	정기
곳 / 나눌	재물 / 낳을	취할 / 얻을	다를 / 사람	관리할 / 돌	정할 / 기약할

每年	臨時	大統領	國會	在籍	議員
매년	임시	대통령	국회	재적	의원
매양 / 해	임할 / 때	큰 / 거느릴 / 거느릴	나라 / 모일	있을 / 서적	의논할 / 사람

會議	會期	超過	期間	明示	副議長
회의	회기	초과	기간	명시	부의장
모일 / 의논할	모일 / 기약할	넘을 / 지날	기약할 / 사이	밝을 / 보일	버금 / 의논할 / 길

過半	出席	議員	贊成	議決	可否
과반	출석	의원	찬성	의결	가부
지날 / 반	날 / 자리	의논할 / 사람	도울 / 이룰	의논할 / 터질	옳을 / 아닐

同數	否決	會議	公開	內容	公表
동수	부결	회의	공개	내용	공표
같을 / 셀	아닐 / 결단할	모일 / 의논할	공평할 / 열	안 / 모양	공평할 / 겉

提出	法律	議案	廢棄	滿了	公布
제출	법률	의안	폐기	만료	공포
끌 / 날	법 / 법	의논할 / 책상	폐할 / 버릴	찰 / 마칠	공평할 / 베

異意	議書	還付	再議	閉會	一部
이의	의서	환부	재의	폐회	일부
다를 / 뜻	의논할 / 쓸	돌아올 / 줄	두 / 의논할	닫을 / 모일	한 / 거느릴

修正	確定	移送	經過	豫算	審議
수 정	확 정	이 송	경 과	예 산	심 의
닦을 / 바를	굳을 / 정할	옮길 / 보낼	지날 / 지날	미리 / 셀	살필 / 의논할

會計年度				編成	目的	經費	前年
회	계	년	도	편 성	목 적	경 비	전 년
모일	꾀	해	법도	엮을 / 이룰	눈 / 과녁	날 / 쓸	앞 / 해

執行	設置	機關	施設	運營	法律
집 행	설 치	기 관	시 설	운 영	법 률
잡을 / 갈	베풀 / 둘	틀 / 빗장	베풀 / 베풀	돌 / 경영할	법 / 법

支出	義務	履行	事業	繼續	年限
지 출	의 무	이 행	사 업	계 속	연 한
가를 / 날	옳을 / 일	밟을 / 갈	일 / 업	이을 / 이을	해 / 한계

繼續	豫備	總額	次期	國會	變更
계 속	예 비	총 액	차 기	국 회	변 경
이을 / 이을	미리 / 갖출	거느릴 / 이마	버금 / 기약할	나라 / 모일	변할 / 고칠

追加	更正	豫算	各項	金額	增加
추 가	경 정	예 산	각 항	금 액	증 가
쫓을 / 더할	고칠 / 정할	미리 / 셀	각각 / 목	쇠 / 이마	불을 / 더할

國債	募集	負擔	租稅	種目	稅率
국 채	모 집	부 담	조 세	종 목	세 율
나라 / 빚	모을 / 모일	질 / 멜	세금 / 징수할	씨 / 눈	징수할 / 비율

相互	援助	重要	國際	組織	友好
상 호	원 조	중 요	국 제	조 직	우 호
서로 / 서로	도울 / 도울	무거울 / 구할	나라 / 사이	끈 / 짤	벗 / 좋을

通商	航海	條約	制約	講和	財政
통 상	항 해	조 약	제 약	강 화	재 정
통할 / 헤아릴	배 / 바다	가지 / 맺을	마를 / 맺을	익힐 / 화할	재물 / 정사

立法	事項	批准	宣戰布告			同意
입 법	사 항	비 준	선 전 포 고			동 의
설 / 법	일 / 목	칠 / 승인할	베풀 / 싸울 / 펼 / 알릴			같을 / 뜻

外國	派遣	軍隊	駐留	國政	監査
외 국	파 견	군 대	주 류	국 정	감 사
밖 / 나라	물갈래 / 보낼	군사 / 대	머무를 / 머무를	나라 / 정사	볼 / 사실할

特定	事案	調査	書類	證人	證言
특 정	사 안	조 사	서 류	증 인	증 언
특별할 / 정할	일 / 책상	고를 / 사실할	쓸 / 무리	증거 / 사람	증거 / 말씀

意見	國務	總理	委員	政府	委員會		
의 견	국 무	총 리	위 원	정 부	위	원	회
뜻 / 볼	나라 / 일	거느릴 / 다스릴	맡길 / 사람	정사 / 곳집	맡길	사람	모일

國政	處理	狀況	質問	應答	答辯
국 정	처 리	상 황	질 문	응 답	답 변
나라 / 정사	살 / 다스릴	형상 / 하물며	바탕 / 물을	응할 / 대답할	대답할 / 말잘할

解任	建議	發議	抵觸	範圍	議事
해 임	건 의	발 의	저 촉	범 위	의 사
풀 / 맡길	세울 / 의논할	쏠 / 의논할	거스를 / 닿을	법 / 둘레	의논할 / 일

內部	規律	規則	資格	議員	懲戒
내 부	규 율	규 칙	자 격	의 원	징 계
안 / 거느릴	법 / 법	법 / 법칙	재물 / 격식	의논할 / 사람	징계할 / 경계할

除名	提訴	行政	各部	裁判	中央
제 명	제 소	행 정	각 부	재 판	중 앙
덜 / 이름	끌 / 하소연할	갈 / 정사	각각 / 거느릴	마를 / 판가름할	가운데 / 가운데

選擧	管理	委員	監査	院長	彈劾
선 거	관 리	위 원	감 사	원 장	탄 핵
가릴 / 들	주관할 / 다스릴	맡길 / 사람	볼 / 조사	집 / 장	탄알 / 캐물을

訴追	權限	行使	停止	決定	公職
소 추	권 한	행 사	정 지	결 정	공 직
하소연할 / 쫓을	권세 / 한계	갈 / 부릴	머무를 / 멈출	결단할 / 정할	공평할 / 벼슬

罷免	民事	免除
파 면	민 사	면 제
마칠 / 면할	백성 / 일	면할 / 섬돌

第4章 政府(정부)

元首	代表	獨立	領土	保全	繼續
원 수	대 표	독 립	영 토	보 전	계 속
으뜸 / 머리	대신할 / 겉	홀로 / 설	거느릴 / 흙	지킬 / 온전할	이을 / 이을

守護	責務	祖國	誠實	首班	秘密
수 호	책 무	조 국	성 실	수 반	비 밀
지킬 / 보호할	요구할 / 일	조상 / 나라	정성 / 열매	머리 / 나눌	숨길 / 조용할

選擧	最高	得票	在籍	公開	會議
선 거	최 고	득 표	재 적	공 개	회 의
가릴 / 들	가장 / 높을	얻을 / 표	있을 / 서적	공평할 / 열	모일 / 의논할

多 數	當 選	大 統 領 候 補 權 者
다 수	당 선	대 통 령 후 보 권 자
많을 셀	당할 가릴	클 거느릴 거느릴 기후 기울 권세 놈

總 數	當 選	被 選 擧 權	選 擧	現 在
총 수	당 선	피 선 거 권	선 거	현 재
거느릴 셀	당할 가릴	미칠 가릴 들 권세	가릴 들	나타날 있을

後 任	闕 位	死 亡	判 決	喪 失	就 任
후 임	궐 위	사 망	판 결	상 실	취 임
뒤 맡길	대궐 자리	죽을 망할	판가름할 터질	죽을 잃을	이룰 맡길

遵 守	保 衛	福 利	增 進	責 務	嚴 肅
준 수	보 위	복 리	증 진	책 무	엄 숙
좇을 지킬	지킬 지킬	복 날카로울	불을 나아갈	꾸짖을 일	엄할 엄숙할

重 任	事 故	代 行	外 交	國 防	國 家
중 임	사 고	대 행	외 교	국 방	국 가
무거울 맡길	일 옛	대신할 갈	밖 사귈	나라 막을	나라 집

安 危	重 要	政 策	國 民	投 票	批 准
안 위	중 요	정 책	국 민	투 표	비 준
편안할 위태할	무거울 구할	정사 계책	나라 백성	던질 표	칠 승인할

外交	使節	信任	接受	派遣	講和
외 교	사 절	신 임	접 수	파 견	강 화
밖 / 사귈	부릴 / 마디	믿을 / 맡길	사귈 / 받을	물갈래 / 보낼	익힐 / 화할

國軍	統帥	具體	內憂	外患	天災
국 군	통 수	구 체	내 우	외 환	천 재
나라 / 군사	거느릴 / 장수	갖출 / 몸	안 / 넉넉할	밖 / 근심	하늘 / 재앙

地變	危機	安寧	秩序	緊急	措置
지 변	위 기	안 녕	질 서	긴 급	조 치
땅 / 변할	위태할 / 틀	편안할 / 편안할	차례 / 차례	긴할 / 급할	둘 / 둘

餘裕	最小	交戰	狀態	可能	廢止
여 유	최 소	교 전	상 태	가 능	폐 지
남을 / 넉넉할	가장 / 작을	사귈 / 싸울	형상 / 모양	옳을 / 능할	폐할 / 그칠

回復	戰時	事變	國家	非常	事態
회 복	전 시	사 변	국 가	비 상	사 태
돌 / 돌아올	싸울 / 때	일 / 변할	나라 / 집	아닐 / 항상	일 / 모양

兵力	戒嚴	宣布	警備	令狀	制度
병 력	계 엄	선 포	경 비	영 장	제 도
군사 / 힘	경계할 / 엄할	베풀 / 베	경계할 / 갖출	영 / 형상	마를 / 법도

通告	解除	任免	赦免	減刑	復權
통고	해제	임면	사면	감형	복권
통할 / 알릴	풀 / 덜	맡길 / 면할	용서할 / 면할	덜 / 형벌	돌아올 / 권세

一般	赦免	授與	書翰	國法	公私
일반	사면	수여	서한	국법	공사
한 / 일반	용서할 / 면할	줄 / 줄	쓸 / 편지	나라 / 법	공평할 / 사사

在職	前職	大統領	禮遇	補佐	統轄
재직	전직	대통령	예우	보좌	통할
있을 / 벼슬	앞 / 벼슬	큰 / 거느릴 / 거느릴	예도 / 만날	기울 / 도울	거느릴 / 다스릴

現役	提請	基本	計劃	政策	對外
현역	제청	기본	계획	정책	대외
나타날 / 부릴	끌 / 청할	터 / 밑	꾀 / 그을	정사 / 채찍	대답할 / 밖

憲法	改正	豫算	決算	國有	財産
헌법	개정	예산	결산	국유	재산
법 / 법	고칠 / 바를	미리 / 셀	터질 / 셀	나라 / 있을	재물 / 낳을

處分	緊急	命令	財政	經濟	權限
처분	긴급	명령	재정	경제	권한
곳 / 나눌	긴할 / 급할	목숨 / 영	재물 / 정사	지날 / 건널	권세 / 한계

劃定	配定	國政	處理	狀況	評價
획 정	배 정	국 정	처 리	상 황	평 가
그을 / 정할	나눌 / 정할	나라 / 정사	곳 / 다스릴	형상 / 하물며	평할 / 값

分析	政黨	解散	回附	關係	檢察
분 석	정 당	해 산	회 부	관 계	검 찰
나눌 / 가를	정사 / 무리	풀 / 흩을	돌 / 붙을	빗장 / 걸릴	검사할 / 살필

總長	合同	參謀	議長	各軍	國立
총 장	합 동	참 모	의 장	각 군	국 립
거느릴 / 어른	합할 / 한가지	간여할 / 꾀할	의논할 / 어른	각각 / 군사	나라 / 설

大學	大使	國營	企業	管理	諮問
대 학	대 사	국 영	기 업	관 리	자 문
큰 / 배울	큰 / 하여금	나라 / 경영할	꾀할 / 업	주관할 / 다스릴	물을 / 물을

國家	元老	會議	直前	軍事	政策
국 가	원 로	회 의	직 전	군 사	정 책
나라 / 집	으뜸 / 늙은이	모일 / 의논할	곧을 / 앞	군사 / 일	정사 / 계책

國內	安全	保障	職務	範圍	國民
국 내	안 전	보 장	직 무	범 위	국 민
나라 / 안	편안할 / 온전할	지킬 / 가로막을	벼슬 / 일	법 / 둘레	나라 / 백성

經濟	所管	大 統 領 令	事務	總理
경제	소관	대 통 령 령	사 무	총 리
지날 건널	바 주관할	큰 거느릴 거느릴 영	일 일	거느릴 다스릴

部令	團體	會計	檢査	監察	所屬
부령	단체	회계	검사	감찰	소속
거느릴 영	둥글 몸	모일 꾀	검사할 심사할	볼 살필	바 엮을

監 査 院 長	歲入	歲出	監 査 對 象
감 사 원 장	세 입	세 출	감 사 대 상
볼 심사할 집 길	해 들	해 날	볼 심사할 대답할 코끼리

結果
결 과
맺을 실과

第5章 法院(법원)

司法	最高	法院	大法院	各級	法官
사 법	최 고	법 원	대 법 원	각 급	법 관
맡을 법	가장 높을	법 집	큰 법 집	각각 등급	법 벼슬

良心	獨立	審判	大法官會	院長
양 심	독 립	심 판	대 법 관 회	원 장
좋을 마음	홀로 설	살필 판가름할	큰 법 벼슬 모일	집 길

連任	停年	禁錮	懲戒	處分	停職
연 임	정 년	금 고	징 계	처 분	정 직
잇닿을 맡길	머무를 해	금할 땜질할	징계할 경계할	살 나눌	머무를 벼슬

減俸	心身	障害	退職	違反	前提
감 봉	심 신	장 해	퇴 직	위 반	전 제
덜 녹	마음 몸	가로막을 해칠	물러날 벼슬	어길 되돌릴	앞 끌

命令	規則	與否	最終	審查	前審
명 령	규 칙	여 부	최 종	심 사	전 심
목숨 영	법 법칙	줄 아닐	가장 끝날	살필 사실할	앞 살필

節次	行政	審判	司法	節次	準用
절 차	행 정	심 판	사 법	절 차	준 용
마디 버금	갈 정사	살필 판가름할	맡을 법	마디 버금	준할 쓸

抵觸	訴訟	事務	處理	審理	妨害
저 촉	소 송	사 무	처 리	심 리	방 해
거스를 닿을	하소연할 송사할	일 일	곳 다스릴	살필 다스릴	방해할 해칠

善良	風俗	念慮	管轄	特別	法院
선량	풍속	염려	관할	특별	법원
착할 / 좋을	바람 / 풍속	생각할 / 생각할	주관할 / 다스릴	수컷 / 나눌	법 / 집

軍事	法院	上告	間諜	單審	死刑
군사	법원	상고	간첩	단심	사형
군사 / 일	법 / 집	위 / 알릴	틈 / 염탐할	홑 / 살필	죽을 / 형벌

第6章 憲法裁判所(헌법재판소)

違憲	與否	解散	相互	地方	自治
위헌	여부	해산	상호	지방	자치
어길 / 법	줄 / 아닐	풀 / 흩을	서로 / 서로	땅 / 모	스스로 / 다스릴

團體	權限	爭議	憲法	訴願	違憲
단체	권한	쟁의	헌법	소원	위헌
둥글 / 몸	권세 / 한계	다툴 / 의논할	법 / 법	하소연할 / 원할	어길 / 법

決定	認容
결정	인용
결단할 / 정할	알 / 모양

第7章 選擧管理(선거관리)

選擧	管理	委員	中央	員長	名簿
선 거	관 리	위 원	중 앙	원 장	명 부
가릴 들	주관할 다스릴	맡길 사람	가운데 가운데	사람 길	이름 장부

作成	事務	國民	投票	行政	機關
작 성	사 무	국 민	투 표	행 정	기 관
지을 이룰	일 일	나라 백성	던질 표	갈 정사	틀 빗장

指示	當該	運動	管理	候補
지 시	당 해	운 동	관 리	후 보
손가락 보일	당할 그해	돌 움직일	다스릴 다스릴	기후 기울

第8章 地方自治(지방자치)

議會	選任	方法
의 회	선 임	방 법
의논할 모일	가릴 맡길	모 법

圖謀	自助	組織	健全	消費	行爲
도 모	자 조	조 직	건 전	소 비	행 위
그림 | 꾀할	스스로 | 도울	끈 | 짤	튼튼할 | 온전할	사라질 | 쓸	갈 | 할

啓導	生産	品質	向上	緊切	促求
계 도	생 산	품 질	향 상	긴 절	촉 구
열 | 이끌	날 | 낳을	물건 | 바탕	향할 | 위	긴할 | 끊을	재촉할 | 구할

消費者保護運動	對外	貿易
소 비 자 보 호 운 동	대 외	무 역
사라질 | 쓸 | 놈 | 지킬 | 보호할 | 돌 | 움직일	대답할 | 밖	바꿀 | 바꿀

私營	企業	國有	公有	經營	統制
사 영	기 업	국 유	공 유	경 영	통 제
사사 | 경영할	꾀할 | 업	나라 | 있을	공평할 | 있을	날 | 경영할	거느릴 | 마를

科學	技術	革新	情報	人力	國家
과 학	기 술	혁 신	정 보	인 력	국 가
과정 | 배울	재주 | 꾀	가죽 | 새	뜻 | 갚을	사람 | 힘	나라 | 집

標準	制度	確立	諮問	機構
표 준	제 도	확 립	자 문	기 구
표할 | 준할	마를 | 법도	굳을 | 설	물을 | 물을	틀 | 얽을

第10章 憲法改正(헌법개정)

憲法		改正		任期		延長		重任		變更	
헌	법	개	정	임	기	연	장	중	임	변	경
법	법	고칠	바를	맡길	기약할	끌	길	무거울	맡길	변할	고칠

當時	
당	시
당할	때

II. 民法(민법)

第1編(제1편) 總則(총칙)

第1章(제1장) 通則(통칙)

法	源	民	事	慣	習	條	理	信	義	誠	實
법	원	민	사	관	습	조	리	신	의	성	실
법	근원	백성	일	버릇	익힐	가지	다스릴	믿을	옳을	이룰	열매

第2章(제2장) 人(인)

權	利	能	力	存	續	期	間	主	體	成	年
권	리	능	력	존	속	기	간	주	체	성	년
권세	날카로울	능할	힘	있을	이을	그	사이	주인	몸	이룰	해

未	成	年	者	法	律	行	爲	法	定	代	理
미	성	년	자	법	률	행	위	법	정	대	리
아닐	이룰	해	놈	법	법	갈	할	법	정할	대신할	다스릴

取	消	許	諾	任	意	營	業	行	爲	能	力
취	소	허	락	임	의	영	업	행	위	능	력
취할	사라질	허락할	대답할	맡길	뜻	경영할	업	갈	할	능할	힘

善	意	惡	意	第三者		對	抗	限	定	治	産
선	의	악	의	제 3	자	대	항	한	정	치	산
착할	뜻	악할	뜻	차례	석 놈	대답할	막을	한계	정할	다스릴	낳을

心	身	薄	弱	浪	費	窮	迫	本	人	準	用
심	신	박	약	낭	비	궁	박	본	인	준	용
마음	몸	엷을	약할	물결	쓸	다할	닥칠	밑	사람	준할	쓸

配偶者			後見人			原因		消滅		常態	
배	우	자	후	견	인	원	인	소	멸	상	태
아내	짝	놈	뒤	볼	사람	근원	인할	사라질	멸망할	항상	모양

心身		喪失		無能力者				追認		與否	
심	신	상	실	무	능	력	자	추	인	여	부
마음	몸	죽을	잃을	없을	능할	힘	놈	쫓을	알	줄	아닐

禁治産			相對方			催告權			撤回權		
금	치	산	상	대	방	최	고	권	철	회	권
금할	다스릴	낳을	서로	대답할	모	재촉할	높을	권세	거둘	돌	권세

拒絶權			假住所			不在者			管理人		
거	절	권	가	주	소	부	재	자	관	리	인
막을	끊을	권세	거짓	살	바	아닐	있을	놈	피리	다스릴	사람

確答		催告		追認		財産		撤回		拒絶	
확	답	최	고	추	인	재	산	철	회	거	절
굳을	대답할	재촉할	높을	쫓을	알	재물	낳을	거둘	돌	막을	끊을

契約		當時		單獨		行爲		詐術		根據	
계	약	당	시	단	독	행	위	사	술	근	거
맺을	묶을	당할	때	홑	홀로	갈	할	간사할	꾀	뿌리	의거할

住所	同時	居所	國內	改任	生死
주 소	동 시	거 소	국 내	개 임	생 사
살 바	같을 때	있을 바	나라 안	고칠 맡길	날 죽을

分明	選任	財産	目錄	保存	報酬
분 명	선 임	재 산	목 록	보 존	보 수
나눌 밝을	먼저 맡길	재물 낳을	눈 기록할	지킬 있을	갚을 갚을

擔保	提供	返還	相當	失踪	宣告
담 보	제 공	반 환	상 당	실 종	선 고
멜 지킬	끌 이바지할	돌아올 돌아올	서로 당할	잃을 자취	베풀 알릴

戰地	沈沒	船舶	墜落	危難	戰爭
전 지	침 몰	선 박	추 락	위 난	전 쟁
싸울 땅	가라앉을 가라앉을	배 배댈	떨어질 떨어질	위태할 어려울	싸울 다툴

終止	前條	生存	事實	相異	證明
종 지	전 조	생 존	사 실	상 이	증 명
끝날 그칠	앞 가지	날 있을	일 열매	서로 다를	증거 밝을

影響	直接	原因	現存	限度	
영 향	직 접	원 인	현 존	한 도	
그림자 울림	곧을 사귈	근원 인할	나타날 있을	한계 법도	

第3章 (제3장) 法人 (법인)

法人		成立		準則		營利		設立		學術	
법	인	성	립	준	칙	영	리	설	립	학	술
법	사람	이룰	설	준할	법칙	경영할	이로울	베풀	설	배울	꾀

慈善		技藝		社交		社團		財團		登記	
자	선	기	예	사	교	사	단	재	단	등	기
사랑할	착할	재주	재주	단체	사귈	단체	둥글	재물	둥글	오를	기록할

主務		官廳		法人		設立		定款		能力	
주	무	관	청	법	인	설	립	정	관	능	력
주인	일	벼슬	관청	법	사람	베풀	설	정할	항목	능할	힘

事務所			所在地			不法		行爲		理事	
사	무	소	소	재	지	불	법	행	위	이	사
일	일	바	바	있을	땅	아닐	법	갈	할	다스릴	일

代表者			設立者			損害		賠償		目的	
대	표	자	설	립	자	손	해	배	상	목	적
대신할	겉	놈	베풀	설	놈	덜	해칠	물어줄	갚을	눈	과녁

範圍	社員	連帶	檢查	監督	商事
범 위	사 원	연 대	검 사	감 독	상 사
법 / 둘레	단체 / 사람	잇당을 / 띠	검사할 / 조사할	볼 / 살펴볼	장사 / 일

會社	記名	捺印	名稱	資産	社員
회 사	기 명	날 인	명 칭	자 산	사 원
모일 / 단체	기록할 / 이름	누를 / 도장	이름 / 일컬을	재물 / 낳을	단체 / 사람

資格	得失	存立	時期	定數	解散
자 격	득 실	존 립	시 기	정 수	해 산
재물 / 바로잡을	얻을 / 잃을	있을 / 설	때 / 틀	정할 / 셀	풀 / 흩을

事由	記載	變更	財團	法人	補充
사 유	기 재	변 경	재 단	법 인	보 충
일 / 말미암을	기록할 / 실을	변할 / 고칠	재물 / 둥글	법 / 사람	기울 / 찰

方法	目的	達成	適當	趣旨	參酌
방 법	목 적	달 성	적 당	취 지	참 작
모 / 법	눈 / 과녁	통달할 / 이룰	맞을 / 당할	뜻 / 뜻	간여할 / 따를

贈與	遺贈	生前	處分	遺言	出捐
증 여	유 증	생 전	처 분	유 언	출 연
보낼 / 줄	끼칠 / 보낼	날 / 앞	곳 / 나눌	끼칠 / 말씀	날 / 버릴

代表權			總社員			財產		歸屬		時期	
대	표	권	총	사	원	재	산	귀	속	시	기
대신할	겉	권세	거느릴	단체	사람	재물	낳을	돌아갈	엮을	때	틀

設立		許可		設置		揭記		分事務所			
설	립	허	가	설	치	게	기	분	사	무	소
베풀	설	허락할	옳을	베풀	둘	걸	기록할	나눌	일	일	바

主事務所				管轄區域				變更		登記	
주	사	무	소	관	할	구	역	변	경	등	기
주인	일	일	바	주관할	다스릴	지경	지경	변할	고칠	오를	기록할

職務		執行		停止		起算		年月日			官廳	
직	무	집	행	정	지	기	산	년	월	일	관	청
벼슬	일	잡을	갈	머무를	그칠	일어날	셀	해	달	해	벼슬	관청

登記所			舊所在地				新所在地				職務	
등	기	소	구	소	재	지	신	소	재	지	직	무
오를	기록할	바	예	바	있을	땅	새	바	있을	땅	벼슬	일

代行		期間		到着		事項		備置		許可書		
대	행	기	간	도	착	사	항	비	치	허	가	서
대신할	갈	그	틈	이를	붙을	일	목	갖출	둘	허락할	옳을	쓸

社員權			社員		名簿		備置		事業		年度	
사	원	권	사	원	명	부	비	치	사	업	년	도
단체	사람	권세	단체	사람	이름	장부	갖출	둘	일	업	해	법도

讓渡		相續		事務		執行		總會		對抗	
양	도	상	속	사	무	집	행	총	회	대	항
사양할	건널	서로	이을	일	일	잡을	갈	거느릴	모일	대답할	막을

要件		注意		義務		缺員		特別		代理人		
요	건	주	의	의	무	결	원	특	별	대	리	인
구할	사건	물댈	뜻	옳을	일	이지러질	사람	특별할	나눌	대신할	다스릴	사람

管理者			臨時		理事		相反		任務		懈怠	
관	리	자	임	시	이	사	상	반	임	무	해	태
주관할	다스릴	놈	임할	때	다스릴	일	서로	되돌릴	맡길	일	게으를	게으름

財産		狀況		監事		不正		不備		通常	
재	산	상	황	감	사	부	정	불	비	통	상
재물	낳을	형상	하물며	볼	일	아닐	바를	아닐	갖출	통할	항상

總會		臨時		經過		目的		關係		事項	
총	회	임	시	경	과	목	적	관	계	사	항
거느릴	모일	임할	때	지날	지날	눈	과녁	빗장	걸릴	일	목

要領		決議權			議事錄			解散		事由	
요	령	결	의	권	의	사	록	해	산	사	유
구할	거느릴	터질	의논할	권세	의논할	일	기록할	풀	흩을	일	말미암을

不能		破産		完濟		決議		申請		殘餘	
불	능	파	산	완	제	결	의	신	청	잔	여
아닐	능할	깨뜨릴	낳을	완전할	건널	터질	의논할	거듭	청할	남을	남을

財産		國庫		淸算		法人		職權		申告	
재	산	국	고	청	산	법	인	직	권	신	고
재물	낳을	나라	곳집	맑을	셀	법	사람	벼슬	권세	거듭	알릴

現存		事務		終結		債權		推尋		債務	
현	존	사	무	종	결	채	권	추	심	채	무
나타날	있을	일	일	끝날	터질	빚	권세	밀	찾을	빚	일

辨濟		引渡		特例		遲延		損害		賠償	
변	제	인	도	특	례	지	연	손	해	배	상
분별할	건널	끌	건널	특별할	법식	늦을	끌	덜	해칠	물어줄	갚을

不足		引繼		淸算		終結		準用		規定	
부	족	인	계	청	산	종	결	준	용	규	정
아닐	발	끌	이을	맑을	셀	끝날	맺을	준할	쓸	법	정할

辨 濟 期	不 確 定	鑑 定 人	淸 算 中
변 제 기	불 확 정	감 정 인	청 산 중
분변할 / 건널 / 기약할	아닐 / 굳을 / 정할	거울 / 정할 / 사람	맑을 / 셀 / 가운데

罰 則	隱 蔽	社 員	名 簿	不 正	記 載
벌 칙	은 폐	사 원	명 부	부 정	기 재
죄 / 법칙	숨길 / 덮을	단체 / 사람	이름 / 장부	아닐 / 바를	기록할 / 실을

過 怠 料
과 태 료
지날 / 게으름 / 헤아릴

第4章(제4장) 物件(물건)

定義	本法	電氣	有體物	不動産
정의	본법	전기	유체물	부동산
정할 옳을	근본 법	번개 기운	있을 몸 만물	아닐 움직일 낳을

動産	土地	定着物	所有者	常用
동산	토지	정착물	소유자	상용
움직일 낳을	흙 땅	정할 붙을 만물	바 있을 놈	항상 쓸

主物	從物	附屬物	産出物	用法
주물	종물	부속물	산출물	용법
주인 만물	좇을 만물	붙을 엮을 만물	낳을 날 만물	쓸 법

天然	法定	果實	收取	使用	對價
천연	법정	과실	수취	사용	대가
하늘 그러할	법 정할	실과 열매	거둘 취할	하여금 쓸	대답할 값

金錢	元物	分離	比率
금전	원물	분리	비율
쇠 돈	으뜸 만물	나눌 떼놓을	견줄 비율

第5章(제5장) 法律行爲(법률행위)

不	公	正	反	社	會	秩	序	無	效	輕	率
불	공	정	반	사	회	질	서	무	효	경	솔
아니할	공평할	바를	되돌릴	단체	모일	차례	차례	없을	본받을	가벼울	거느릴

經	驗	顯	著	公	正	任	意	規	定	慣	習
경	험	현	저	공	정	임	의	규	정	관	습
지날	증험할	나타날	분명할	공평할	바를	맡길	뜻	법	정할	버릇	익힐

社	會	秩	序	眞	意	意	思	表	示	通	情
사	회	질	서	진	의	의	사	표	시	통	정
단체	모일	차례	차례	참	뜻	뜻	생각할	겉	보일	통할	뜻

代	理	人	表	意	者	虛	僞	錯	誤	詐	欺
대	리	인	표	의	자	허	위	착	오	사	기
대신할	다스릴	사람	겉	뜻	놈	빌	거짓	섞일	그릇할	속일	속일

強迫	重要	部分	效力	發生	時期
강박	중요	부분	효력	발생	시기
굳셀 / 닥칠	무거울 / 구할	거느릴 / 나눌	본받을 / 힘	쏠 / 날	때 / 기약할

到達	受領	能力	公示	送達	直接
도달	수령	능력	공시	송달	직접
이를 / 통달할	받을 / 다스릴	능할 / 힘	공평할 / 보일	보낼 / 통달할	곧을 / 이을

代理	行爲	瑕疵	欠缺	標準	過失
대리	행위	하자	흠결	표준	과실
대신할 / 다스릴	갈 / 할	티 / 흠	하품 / 이지러질	표할 / 준할	지날 / 잃을

不知	主張	保存	行爲	改良	數人
부지	주장	보존	행위	개량	수인
아니할 / 알	주인 / 베풀	지킬 / 있을	갈 / 할	고칠 / 좋을	셀 / 사람

各自	代理	授權	行爲	任意	法定
각자	대리	수권	행위	임의	법정
각각 / 스스로	대신할 / 다스릴	줄 / 권세	갈 / 할	맡길 / 뜻	법 / 정할

代理人	復任權	付與	復代理人
대리인	복임권	부여	복대리인
대신할 / 다스릴 / 사람	돌아올 / 맡길 / 권세	줄 / 줄	돌아올 / 대신할 / 다스릴 / 사람

不得已			不適任			誠實		怠慢		遡及	
부	득	이	부	적	임	성	실	태	만	소	급
아니할	얻을	이미	아니할	맞을	맡길	정성	열매	게으름	게으를	거슬러 올라갈	미칠

自己		契約		雙方		代理		證明		消滅	
자	기	계	약	쌍	방	대	리	증	명	소	멸
스스로	자기	맺을	묶을	쌍	모	대신할	다스릴	증거	밝을	사라질	멸망할

事由		法律		關係		無權		代理		選擇	
사	유	법	률	관	계	무	권	대	리	선	택
일	말미암을	법	법률	관계할	멜	없을	권세	대신할	다스릴	가릴	가릴

適用		行爲		當時		一部		無效		部分	
적	용	행	위	당	시	일	부	무	효	부	분
갈	쓸	갈	할	당할	때	한	거느릴	없을	본받을	거느릴	나눌

全部		轉換		具備		意慾		償還		效果	
전	부	전	환	구	비	의	욕	상	환	효	과
온전할	거느릴	구를	바꿀	갖출	갖출	뜻	욕심	갚을	돌아올	본받을	실과

取消權者			法定		追認		保留		權利	
취	소	권	자	법	정	추	인	보	류	권	리
취할	사라질	권세	놈	법	정할	쫓을	알	지킬	머무를	권세	날카로울

承 繼 人	條 件 附	更 改	成 否	强 制
승 계 인	조 건 부	경 개	성 부	강 제
이을 이을 사람	가지 사건 붙을	고칠 고칠	이룰 아닐	굳셀 마를

執 行	條 件	成 就	停 止	條 件	未 定
집 행	조 건	성 취	정 지	조 건	미 정
잡을 갈	가지 사건	이룰 이룰	머무를 그칠	가지 사건	아닐 정할

不 法	旣 成	期 限	到 來	始 期	終 期
불 법	기 성	기 한	도 래	시 기	종 기
아니할 법	이미 이룰	기약할 한계	이룰 올	처음 기약할	끝날 기약할

第6章(제6장) 期間(기간)

起算點	出生日	卽時	初日	算入
기 산 점	출 생 일	즉 시	초 일	산 입
일어날 셀 점	날 날 해	곧 때	처음 해	셀 들

午前	零時	始作	年齡	計算	最後
오 전	영 시	시 작	연 령	계 산	최 후
낮 앞	떨어질 때	처음 지을	해 나이	셀 셀	가장 뒤

滿了點	期間	末日	該當	公休日
만 료 점	기 간	말 일	해 당	공 휴 일
찰 마칠 점	기약할 틈	끝 해	그 당할	공평할 쉴 해

最終	翌日
최 종	익 일
가장 끝날	다음날 해

第7章(제7장) 消滅時效(소멸시효)

完	成	短	期	消	滅	時	效	利	子	給	料
완	성	단	기	소	멸	시	효	이	자	급	료
완전할	이룰	짧을	기약할	사라질	멸망할	때	본받을	날카로울	아들	줄	헤아릴

扶	養	料	使	用	料	醫	師	藥	師	治	療
부	양	료	사	용	료	의	사	약	사	치	료
도울	기를	헤아릴	하여금	쓸	헤아릴	의원	스승	약	스승	다스릴	병고칠

助	産	師	看	護	師	調	劑	都	給	技	師
조	산	사	간	호	사	조	제	도	급	기	사
도울	낳을	스승	볼	보호할	스승	고를	약제	도읍	줄	재주	스승

辯	護	士	辨	理	士	公	證	人	法	務	士
변	호	사	변	리	사	공	증	인	법	무	사
말잘할	보호할	선비	분별할	다스릴	선비	공평할	증거	사람	법	일	선비

工	事	設	計	公	認	會	計	士	生	産	者
공	사	설	계	공	인	회	계	사	생	산	자
장인	일	베풀	셀	공평할	알	모일	꾀	선비	날	낳을	놈

保管	商人	販賣	生產物	製造者
보관	상인	판매	생 산 물	제 조 자
지킬 주관할	장사 사람	팔 팔	날 낳을 만물	지을 지을 놈

商品	代價	手工業者	旅館	衣服
상품	대 가	수 공 업 자	여관	의복
장사 물건	대신할 값	손 장인 업 놈	나그네 집	옷 옷

飮食店	娛樂場	宿泊料	飮食料
음 식 점	오 락 장	숙 박 료	음 식 료
마실 밥 가게	즐거워할 즐길 마당	묵을 배댈 헤아릴	마실 밥 헤아릴

貸席料	入場料	消費物	替當金
대 석 료	입 장 료	소 비 물	체 당 금
빌릴 자리 헤아릴	들 마당 헤아릴	거닐 쓸 만물	바꿀 당할 쇠

寢具	葬具	勞役人	演藝人	供給
침구	장구	노 역 인	연 예 인	공급
잠잘 갖출	장사지낼 갖출	일할 부릴 사람	펼 재주 사람	이바지할 줄

代金	債權	學生	修業者	不作爲
대금	채권	학생	수 업 자	부 작 위
대신할 쇠	빚 권세	배울 날	닦을 업 놈	아닐 지을 할

제 2 장 한자법률용어

衣食		留宿		校主		塾主		敎師		和解	
의	식	유	숙	교	주	숙	주	교	사	화	해
옷	밥	머무를	묵을	학교	주인	글방	주인	가르침	스승	화할	풀

破産		節次		中斷		事由		押留		時效	
파	산	절	차	중	단	사	유	압	류	시	효
깨뜨릴	낳을	마디	버금	가운데	끊을	일	말미암을	누를	머무를	때	본받을

假押留			却下		棄却		取下		召喚	
가	압	류	각	하	기	각	취	하	소	환
거짓	누를	머무를	물리칠	아래	버릴	물리칠	취할	아래	부를	부를

參加		法定		期間		夫婦		任意		出席	
참	가	법	정	기	간	부	부	임	의	출	석
간여할	더할	법	정할	기약할	틈	지아비	며느리	맡길	뜻	날	자리

婚姻		關係		相續		財産		事變		時效	
혼	인	관	계	상	속	재	산	사	변	시	효
혼인할	혼인	관계할	걸릴	서로	이을	재물	낳을	일	변할	때	본받을

停止		從屬		排除		延長		加重		短縮	
정	지	종	속	배	제	연	장	가	중	단	축
머무를	그칠	좇을	엮을	밀칠	덜	끌	길	더할	무거울	짧을	줄일

輕減	
경	감
가벼울	덜

第2編(제2편) 物權(물권)

第1章(제1장) 總則(총칙)

種類		任意		創設		不動産			物權		變動	
종	류	임	의	창	설	부	동	산	물	권	변	동
씨	무리	맡길	뜻	비롯할	베풀	아니할	움직일	낳을	만물	권세	변할	움직일

得失		變更		公用		徵收		競賣		占有	
득	실	변	경	공	용	징	수	경	매	점	유
얻을	잃을	변할	고칠	공평할	쓸	부를	거둘	겨룰	팔	차지할	있을

動産		物權		讓渡		簡易		引渡		繼續	
동	산	물	권	양	도	간	이	인	도	계	속
움직일	낳을	만물	권세	사양할	건널	간략할	쉬울	끌	건널	이을	이을

占有		改定		目的物			返還		請求權		
점	유	개	정	목	적	물	반	환	청	구	권
차지할	있을	고칠	정할	눈	과녁	만물	돌아올	돌아올	청할	구할	권세

混同		讓受人		
혼	동	양	수	인
섞을	한가지	사양할	받을	사람

第2章(제2장) 占有權(점유권)

占有權	事實上	支配	回收	技師
점 유 권	사 실 상	지 배	회 수	기 사
차지할 있을 권세	일 열매 위	지탱할 나눌	돌 거둘	재주 스승

間接	占有	地上權	傳貰權	質權
간 접	점 유	지 상 권	전 세 권	질 권
틈 사귈	차지할 있을	땅 위 권세	전할 세낼 권세	바탕 권세

使用	貸借	任置	家事上	營業上
사 용	대 차	임 치	가 사 상	영 업 상
하여금 쓸	빌릴 빌	맡길 둘	집 일 위	경영할 업 위

占有	補助者	回復者	類似	態樣
점 유	보 조 자	회 복 자	유 사	태 양
차지할 있을	기울 도울 놈	돌아올 돌아올 놈	무리 같을	모양 모양

所有	平穩	公然	本權	敗訴	繼承
소 유	평 온	공 연	본 권	패 소	계 승
바 있을	평평할 평온할	공평할 그러할	밑 권세	패할 하소연할	이을 받들

占有	繼續	保有	消費	隱秘	增加
점 유	계 속	보 유	소 비	은 비	증 가
차지할 / 있을	이을 / 이을	지킬 / 있을	사라질 / 쓸	숨길 / 숨길	불을 / 더할

償還	請求權	必要費	通常	價額
상 환	청 구 권	필 요 비	통 상	가 액
갚을 / 돌아올	청할 / 구할 / 권세	반드시 / 구할 / 쓸	통할 / 항상	값 / 이마

有益費	增加額	支出	金額	許與
유 익 비	증 가 액	지 출	금 액	허 여
있을 / 더할 / 쓸	불을 / 더할 / 이마	가를 / 날	쇠 / 이마	허락할 / 줄

償還	期間	侵奪者	特別	承繼人
상 환	기 간	침 탈 자	특 별	승 계 인
갚을 / 돌아올	기약할 / 틈	침노할 / 빼앗을 / 놈	특별할 / 나눌	이을 / 이을 / 사람

現場	追跡	奪還	加害者
현 장	추 적	탈 환	가 해 자
나타날 / 마당	쫓을 / 자취	빼앗을 / 돌아올	더할 / 해칠 / 놈

第3章(제3장) 所有權(소유권)

收 益	土 地	所 有 權	所 有 物	返 還
수 익	토 지	소 유 권	소 유 물	반 환
거둘 / 더할	흙 / 땅	바 / 있을 / 권세	바 / 있을 / 만물	돌아올 / 돌아올

請 求 權	所 有 物	妨 害	除 去	豫 防
청 구 권	소 유 물	방 해	제 거	예 방
청할 / 구할 / 권세	바 / 있을 / 만물	방해할 / 해칠	덜 / 갈	미리 / 막을

建 物	區 分	所 有	共 用	部 分	隣 地
건 물	구 분	소 유	공 용	부 분	인 지
세울 / 만물	지경 / 나눌	바 / 있을	함께 / 쓸	거느릴 / 나눌	이웃 / 땅

使 用	請 求 權	熱 氣 體	液 體	分 擔
사 용	청 구 권	열 기 체	액 체	분 담
하여금 / 쓸	청할 / 구할 / 권세	더울 / 기운 / 몸	진 / 몸	나눌 / 멜

境 界	近 傍	築 造	修 繕	煤 煙	隣 地
경 계	근 방	축 조	수 선	매 연	인 지
지경 / 지경	가까울 / 곁	쌓을 / 지을	닦을 / 기울	그을음 / 연기	이웃 / 땅

妨害	禁止	音響	振動	苦痛	措處
방 해	금 지	음 향	진 동	고 통	조 처
방해할 / 해칠	금할 / 그칠	소리 / 울림	떨칠 / 움직일	쓸 / 아플	둘 / 살

用途	忍容	水道	通過	過多	周圍
용 도	인 용	수 도	통 과	과 다	주 위
쓸 / 법도	참을 / 얼굴	물 / 길	통할 / 지날	지날 / 많을	두루 / 둘레

土地	公路	通行權	施設權	出入
토 지	공 로	통 행 권	시 설 권	출 입
흙 / 땅	공평할 / 길	통할 / 갈 / 권세	베풀 / 베풀 / 권세	날 / 들

開設	分割	一部	讓渡	低地	現場
개 설	분 할	일 부	양 도	저 지	현 장
열 / 베풀	나눌 / 나눌	한 / 거느릴	사양할 / 건널	낮을 / 땅	나타날 / 마당

追跡	奪還	自然	加害者	所有者
추 적	탈 환	자 연	가 해 자	소 유 자
쫓을 / 자취	빼앗을 / 돌아올	스스로 / 그러할	더할 / 해칠 / 놈	바 / 있을 / 놈

流水	承水	義務	使用	範圍	高地
유 수	승 수	의 무	사 용	범 위	고 지
흐를 / 물	이을 / 물	옳을 / 일	하여금 / 쓸	법 / 둘레	높을 / 땅

제2장 한자법률용어

分割者	閉塞	疎通	貯水	排水
분할자	폐색	소통	저수	배수
나눌 나눌 놈	닫을 막힐	트일 통할	쌓을 물	밀칠 물

引水	破損	費用	負擔	工事	餘水
인수	파손	비용	부담	공사	여수
끌 물	깨뜨릴 덜	쓸 쓸	질 멜	장인 일	남을 물

溝渠	請求權	工作物	乾燥	下流
구거	청구권	공작물	건조	하류
봇도랑 도랑	청할 구할 권세	장인 지을 만물	하늘 마를	아래 흐를

疎通權	浸水地	請求權	工業用
소통권	침수지	청구권	공업용
트일 통할 권세	담글 물 땅	청할 구할 권세	장인 업 쓸

給與	一致	流水用	工作物	抵觸
급여	일치	유수용	공작물	저촉
줄 줄	한 보낼	흐를 물 쓸	장인 지을 만물	거스를 닿을

下水道	公有	河川	用水權	保護
하수도	공유	하천	용수권	보호
아래 물 길	공평할 있을	강이름 내	쓸 물 권세	지킬 보호할

相隣者	下流	沿岸	工業	源泉
상 린 자	하 류	연 안	공 업	원 천
서로 이웃 놈	아래 흐를	따를 언덕	장인 업	근원 샘

程度	隣接	原狀	回復	斷水	減水
정 도	인 접	원 상	회 복	단 수	감 수
단위 법도	이웃 사귈	근원 형상	돌 돌아올	끊을 물	덜 물

共同	費用	飮料水	境界標	雙方
공 동	비 용	음 료 수	경 계 표	쌍 방
함께 한가지	쓸 쓸	마실 헤아릴 물	지경 지경 표할	쌍 모

折半	面積	特殊	施設權	設置權
절 반	면 적	특 수	시 설 권	설 치 권
꺾을 반	낯 쌓을	특별할 죽일	베풀 베풀 권세	베풀 둘 권세

測量	費用	防火壁	除去權	比例
측 량	비 용	방 화 벽	제 거 권	비 례
잴 헤아릴	쓸 쓸	막을 물 벽	덜 갈 권세	견줄 법식

材料	良好	共有	推定	樹枝	木根
재 료	양 호	공 유	추 정	수 지	목 근
재목 헤아릴	좋을 좋을	함께 있을	밀 정할	나무 가지	나무 뿌리

제2장 한자법률용어

樹木	地盤	深掘	禁止	崩壞	充分
수 목	지 반	심 굴	금 지	붕 괴	충 분
나무 | 나무	땅 | 소반	깊을 | 팔	금할 | 그칠	무너질 | 무너질	찰 | 나눌

防禦	工事	築造	距離	撤去	着手
방 어	공 사	축 조	거 리	철 거	착 수
막을 | 막을	장인 | 일	쌓을 | 지을	떨어질 | 떼놓을	거둘 | 갈	붙을 | 손

遮面	施設	完成	內部	觀望	地下
차 면	시 설	완 성	내 부	관 망	지 하
막을 | 낯	베풀 | 베풀	완전할 | 이룰	안 | 거느릴	볼 | 바랄	땅 | 아래

施設	汚物	下水	汚液	取得	期間
시 설	오 물	하 수	오 액	취 득	기 간
베풀 | 베풀	더러울 | 만물	아래 | 물	더러울 | 진	취할 | 얻을	기약할 | 틈

遺失物	開始	盜品	公開	市場
유 실 물	개 시	도 품	공 개	시 장
끼칠 | 잃을 | 만물	열 | 처음	훔칠 | 물건	공평할 | 열	저자 | 마당

買受	飼養	野生	動物	無主物
매 수	사 양	야 생	동 물	무 주 물
살 | 받을	먹일 | 기를	들 | 날	움직일 | 만물	없을 | 주인 | 만물

拾得者	考古	埋藏物	發見者
습 득 자	고 고	매 장 물	발 견 자
주울 / 얻을 / 놈	상고할 / 옛	묻을 / 감출 / 만물	필 / 볼 / 놈

文化財	合成物	附合	權原	毁損
문 화 재	합 성 물	부 합	권 원	훼 손
글월 / 될 / 재물	합할 / 이룰 / 만물	붙을 / 합할	권세 / 근원	헐 / 덜

分離	混和	識別	原材料	共有者
분 리	혼 화	식 별	원 재 료	공 유 자
나눌 / 떼놓을	섞을 / 화할	알 / 나눌	근원 / 재목 / 헤아릴	함께 / 있을 / 놈

加工	多額	添附	存續	持分	不當
가 공	다 액	첨 부	존 속	지 분	부 당
더할 / 장인	많을 / 이마	더할 / 붙을	있을 / 이을	가질 / 나눌	아닐 / 당할

利得	分割	請求	均等	更新	協議
이 득	분 할	청 구	균 등	갱 신	협 의
이로울 / 얻을	나눌 / 나눌	청할 / 구할	고를 / 가지런할	다시 / 새	맞을 / 의논할

減損	擔保	責任	合有	組合體
감 손	담 보	책 임	합 유	조 합 체
덜 / 덜	멜 / 지킬	꾸짖을 / 맡길	합할 / 있을	짤 / 합할 / 몸

제 2 장 한자법률용어

合	有	物	持	分	全	員	總	有	求	償	權
합	유	물	지	분	전	원	총	유	구	상	권
합할	있을	만물	가질	나눌	온전할	사람	거느릴	있을	구할	갚을	권세

準	共	同	所	有	集	合	體	總	有	物
준	공	동	소	유	집	합	체	총	유	물
준할	함께	한가지	바	있을	모일	합할	몸	거느릴	있을	만물

第4章(제4장) 地上權(지상권)

地	上	權	者	約	定	石	造	更	新	請	求
지	상	권	자	약	정	석	조	갱	신	청	구
땅	위	권세	놈	묶을	정할	돌	지을	다시	새	청할	구할

買	受	請	求	堅	固	石	灰	造	煉	瓦	造
매	수	청	구	견	고	석	회	조	연	와	조
살	받을	청할	구할	굳을	굳을	돌	재	지을	불릴	기와	지을

地	上	權	設	定	者	收	去	義	務	地	料
지	상	권	설	정	자	수	거	의	무	지	료
땅	위	권세	베풀	정할	놈	거둘	갈	옳을	일	땅	헤아릴

增	減	請	求	地	上	權	消	滅	請	求	權
증	감	청	구	지	상	권	소	멸	청	구	권
붙을	덜	청할	구할	땅	위	권세	사라질	멸망할	청할	구할	권세

强	行	規	定	空	間	區	分	地	上	權
강	행	규	정	공	간	구	분	지	상	권
굳셀	갈	법	정할	빌	사이	지경	나눌	땅	위	권세

第5章(제5장) 地役權(지역권)

地	役	權	者	便	益	附	從	性	要	役	地
지	역	권	자	편	익	부	종	성	요	역	지
땅	부릴	권세	놈	편할	더할	붙을	좇을	성품	구할	부릴	땅

用	水	地	役	權	承	役	地	不	可	分	性
용	수	지	역	권	승	역	지	불	가	분	성
쓸	물	땅	부릴	권세	받들	부릴	땅	아닐	옳을	나눌	성품

後	順	位	先	順	位	數	個	草	木	放	牧
후	순	위	선	순	위	수	개	초	목	방	목
뒤	순할	자리	먼저	순할	자리	셀	낱	풀	나무	놓을	칠

特	殊	地	役	權	野	生	物
특	수	지	역	권	야	생	물
특별할	다를	땅	부릴	권세	들	날	만물

第6章(제6장) 傳貰權(전세권)

傳	貰	權	者	優	先	辨	濟	垈	地	性	質
전	세	권	자	우	선	변	제	대	지	성	질
전할	세낼	권세	놈	넉넉할	먼저	분별할	건널	터	땅	성품	바탕

傳	貰	金	農	耕	地	傳	貰	權	設	定	者
전	세	금	농	경	지	전	세	권	설	정	자
전할	세낼	쇠	농사	밭갈	땅	전할	세낼	권세	베풀	정할	놈

法	定	地	上	權	當	事	者	更	新	拒	絶
법	정	지	상	권	당	사	자	갱	신	거	절
법	정할	땅	위	권세	당할	일	놈	다시	새	막을	끊을

轉	傳	貰	請	求	權	設	定	契	約	滅	失
전	전	세	청	구	권	설	정	계	약	멸	실
구를	전할	세낼	청할	구할	권세	베풀	정할	맺을	묶을	멸망할	잃을

增	減	登	記	經	濟	事	情	不	可	抗	力
증	감	등	기	경	제	사	정	불	가	항	력
붙을	덜	오를	기록할	지날	건널	일	뜻	아닐	옳을	막을	힘

殘存	部分	充當	原狀	回復	義務
잔 존	부 분	충 당	원 상	회 복	의 무
남을 / 있을	거느릴 / 나눌	찰 / 당할	근원 / 형상	돌 / 돌아올	옳을 / 일

抹消	登記	剩餘	競賣	請 求 權		
말 소	등 기	잉 여	경 매	청 구 권		
지울 / 사라질	오를 / 기약할	남을 / 남을	겨룰 / 살	청할	구할	권세

第7章(제7장) 留置權(유치권)

簡 易	辨 濟	充 當	元 本	留 置 權 者
간 이	변 제	충 당	원 본	유 치 권 자
간략할 / 쉬울	분변할 / 건널	찰 / 당할	으뜸 / 밑	머무를 / 둘 / 권세 / 놈

果 實	收 取 權	管 理 者	善 管	義 務
과 실	수 취 권	관 리 자	선 관	의 무
실과 / 열매	거둘 / 취할 / 권세	주관할 / 다스릴 / 놈	착할 / 주관할	옳을 / 일

貸 與	留 置 物	被 擔 保	債 權	動 産
대 여	유 치 물	피 담 보	채 권	동 산
빌릴 / 줄	머무를 / 둘 / 만물	미칠 / 멜 / 지킬	빚 / 권세	움직일 / 낳을

設 定	質 權 者	債 務 者	契 約	順 位
설 정	질 권 자	채 무 자	계 약	순 위
베풀 / 정할	바탕 / 권세 / 놈	빚 / 일 / 놈	맺을 / 묶을	순할 / 자리

先 後	配 當	要 物 性	違 約 金	質 權
선 후	배 당	요 물 성	위 약 금	질 권
먼저 / 뒤	나눌 / 당할	구할 / 만물 / 성품	어길 / 묶을 / 쇠	바탕 / 권세

實 行	供 託	轉 質 權	保 證 人	流 質
실 행	공 탁	전 질 권	보 증 인	유 질
열매 / 갈	이바지할 / 부탁할	구를 / 바탕 / 권세	지킬 / 증거 / 사람	흐를 / 바탕

契 約	配 當	金 額	物 上 保 證 人
계 약	배 당	금 액	물 상 보 증 인
맺을 / 묶을	나눌 / 당할	쇠 / 이마	만물 / 위 / 지킬 / 증거 / 사람

無 記 名	保 證	債 務	權 利	證 書
무 기 명	보 증	채 무	권 리	증 서
없을 / 기록할 / 이름	지킬 / 증거	빚 / 일	권세 / 날카로울	증거 / 쓸

附 記	登 記	指 名	指 示
부 기	등 기	지 명	지 시
붙을 / 기록할	오를 / 기록할	가리킬 / 이름	가리킬 / 보일

第9章(제9장) 抵當權(저당권)

抵	當	權	者	根	抵	當	最	高	額	將	來
저	당	권	자	근	저	당	최	고	액	장	래
거스를	당할	권세	놈	뿌리	거스를	당할	가장	높을	이마	장차	올

保	留	抵	當	權	設	定	者	遲	延	賠	償
보	류	저	당	권	설	정	자	지	연	배	상
지킬	머무를	거스를	당할	권세	베풀	정할	놈	늦을	끌	물어줄	갚을

費	用	償	還	請	求	權	競	賣	人
비	용	상	환	청	구	권	경	매	인
쓸	쓸	갚을	돌아올	청할	구할	권세	겨룰	팔	사람

第3編(제3편) 債權(채권)

第1章(제1장) 總則(총칙)

算定		強制		通用力			特定物			引渡	
산	정	강	제	통	용	력	특	정	물	인	도
셀	정할	굳셀	마를	통할	쓸	힘	특별할	정할	만물	끌	건널

債務		種類		債權		通貨		品質		中等	
채	무	종	류	채	권	통	화	품	질	중	등
빚	일	씨	무리	빚	권세	통할	재화	물건	바탕	가운데	가지런할

金錢		外貨		約定		債權額			履行地		
금	전	외	화	약	정	채	권	액	이	행	지
쇠	돈	밖	재화	묶을	정할	빚	권세	이마	밟을	갈	땅

換金		市價		強制		選擇		責任		履行	
환	금	시	가	강	제	선	택	책	임	이	행
바꿀	쇠	저자	값	굳셀	마를	가릴	가릴	꾸짖을	맡길	밟을	갈

不能		遲滯		選擇權			履行期			到來	
불	능	지	체	선	택	권	이	행	기	도	래
아닐	능할	늦을	막힐	가릴	가릴	권세	신	갈	기약할	이를	올

分割		提供		代位權			取消權			關係	
분할		제공		대위권			취소권			관계	
나눌	나눌	끌	이바지할	대신할	자리	권세	취할	사라질	권세	관계할	걸릴

取消		原因		可分		相計		連帶		請求	
취소		원인		가분		상계		연대		청구	
취할	사라질	근원	인할	옳을	나눌	서로	꾀	잇닿을	띠	청할	구할

絶對的			負擔		部分		共同		主	債務	
절대적			부담		부분		공동		주	채무	
끊을	대답할	과녁	질	멜	거느릴	나눌	함께	한가지	주인	빚	일

免責		求償		要件		行爲		出財		形態	
면책		구상		요건		행위		출재		형태	
면할	꾸짖을	구할	갚을	구할	사건	갈	할	날	재물	모양	모양

抗辯權			辨濟		資力		相計權			獨立	
항변권			변제		자력		상계권			독립	
막을	말 잘할	권세	분별할	건널	재물	힘	서로	꾀	권세	홀로	설

解除權			保證人			受託		催告		檢索	
해제권			보증인			수탁		최고		검색	
풀	덜	권세	지킬	증거	사람	받을	부탁할	재촉할	알릴	검사할	찾을

제2장 한자법률용어

解	止	權	求	償	權	執	行	容	易	分	別
해	지	권	구	상	권	집	행	용	이	분	별
풀	그칠	권세	구할	갚을	권세	잡을	갈	얼굴	쉬울	나눌	나눌

付	託	保	證	事	前	最	長	期	讓	渡	性
부	탁	보	증	사	전	최	장	기	양	도	성
줄	부탁할	지킬	증거	일	앞	가장	길	기약할	사양할	건널	성품

破	産	財	團	禁	反	言	引	受	完	了
파	산	재	단	금	반	언	인	수	완	료
깨뜨릴	낳을	재물	둥글	금할	되돌릴	말씀	끌	받을	완전할	마칠

提	供	現	實	準	備	現	狀	引	渡	給	與
제	공	현	실	준	비	현	상	인	도	급	여
끌	이바지할	나타날	열매	준할	갖출	나타날	형상	끌	건널	줄	줄

代	物	辨	濟	許	容	準	占	有	者	費	用
대	물	변	제	허	용	준	점	유	자	비	용
대신할	만물	분별할	건널	허락할	얼굴	준할	차지할	있을	놈	쓸	쓸

領	收	證	所	持	者	指	定	辨	濟	充	當
영	수	증	소	지	자	지	정	변	제	충	당
거느릴	거둘	증거	바	가질	놈	손가락	정할	분별할	건널	찰	당할

現	營	業	所
현	영	업	소
나타날	경영할	업	바

特	定	物
특	정	물
특별할	정할	만물

法	定
법	정
법	정할

代	位	者
대	위	자
대신할	자리	놈

利	益
이	익
이로울	더할

任	意
임	의
맡길	뜻

代	位
대	위
대신할	자리

權	利
권	리
권세	이로울

行	使
행	사
갈	하여금

附	記
부	기
붙을	기록할

擔	保	物
담	보	물
멜	지킬	만물

供	託
공	탁
이바지할	부탁할

自	助
자	조
스스로	도울

賣	却	金
매	각	금
팔	물리칠	쇠

放	賣
방	매
놓을	팔

供	託	所
공	탁	소
이바지할	부탁할	바

受	動
수	동
받을	움직일

確	定
확	정
굳을	정할

日	字
일	자
해	글자

對	等	額
대	등	액
대답할	가지런할	이마

證	書
증	서
증거	쓸

變	更
변	경
변할	고칠

略	式
약	식
간략할	법식

書	名
서	명
쓸	이름

處	理
처	리
곳	다스릴

方	式
방	식
모	법식

補	充	紙
보	충	지
기울	찰	종이

背	書	人
배	서	인
등	쓸	사람

名	稱
명	칭
이름	일컬을

被	背	書	人
피	배	서	인
입을	등	쓸	사람

善意	取得	連續	移轉	資格	出給
선 의	취 득	연 속	이 전	자 격	출 급
착할 / 뜻	취할 / 얻을	잇닿을 / 이을	옮길 / 구를	재물 / 격식	날 / 줄

授與力	所持人	背書	人的	抗辯
수 여 력	소 지 인	배 서	인 적	항 변
줄 / 줄 / 힘	바 / 가질 / 사람	등 / 쓸	사람 / 과녁	막을 / 말 잘할

現住所	眞僞	交換	失效	離脫
현 주 소	진 위	교 환	실 효	이 탈
나타날 / 살 / 바	참 / 거짓	사귈 / 바꿀	잃을 / 본받을	떼놓을 / 벗을

證書	發行
증 서	발 행
증거 / 쓸	필 / 갈

第2章(제2장) 契約(계약)

請約		承諾		拘束力			請約者			發送	
청	약	승	낙	구	속	력	청	약	자	발	송
청할	맺을	받들	대답할	잡을	묶을	힘	청할	맺을	사람	필	보낼

承諾		期間		延着		意思		實現		困難	
승	낙	기	간	연	착	의	사	실	현	곤	란
받들	대답할	기약할	틈	끌	붙을	뜻	생각할	열매	나타날	곤할	어려울

交叉		契約		締結		同時		履行	
교	차	계	약	체	결	동	시	이	행
사귈	갈래	맺을	묶을	맺을	맺을	한가지	때	밟을	갈

雙務		歸責		事由		受領		遲滯	
쌍	무	귀	책	사	유	수	령	지	체
쌍	일	돌아갈	꾸짖을	일	말미암을	받을	거느릴	늦을	막힐

隔地者			債務者			危險		負擔		主義	
격	지	자	채	무	자	위	험	부	담	주	의
사이뜰	땅	놈	빚	일	놈	위태할	험할	질	멜	주인	옳을

享受	解除	解止	履行	遲滯	定期
향 수	해 제	해 지	이 행	지 체	정 기
누릴 받을	풀 덜	풀 그칠	밟을 갈	늦을 막힐	정할 기약할

行爲	受贈者	贈與者	直系	血族
행 위	수 증 자	증 여 자	직 계	혈 족
갈 할	받을 보낼 놈	보낼 줄 놈	곧을 이을	피 겨레

扶養	義務	原因	生計	賣買	死因
부 양	의 무	원 인	생 계	매 매	사 인
도울 기를	옳을 일	근원 인할	날 꾀	팔 살	죽을 인할

贈與	一方	豫約	完結	有償	契約
증 여	일 방	예 약	완 결	유 상	계 약
보낼 줄	한 모	미리 맺을	완전할 맺을	있을 갚을	맺을 맺을

豫約者	負擔附贈與	數量	不足
예 약 자	부 담 부 증 여	수 량	부 족
미리 맺을 놈	질 멜 붙을 보낼 줄	셀 헤아릴	아닐 발

解約金	保證金	一部	滅失	制限
해 약 금	보 증 금	일 부	멸 실	제 한
풀 맺을 쇠	지킬 증거 쇠	한 거느릴	멸망할 잃을	마를 한계

減額	瑕疵	物權	擔保	責任	代金
감액	하자	물권	담보	책임	대금
덜 / 이마	티 / 흠	만물 / 권세	멜 / 지킬	꾸짖을 / 맡길	대신할 / 쇠

種類	還買	期間	登記	交換	消費
종류	환매	기간	등기	교환	소비
씨 / 무리	돌아올 / 살	기약할 / 틈	오를 / 기록할	사귈 / 바꿀	사라질 / 쓸

買受人	賣渡人	貸借	借主	貸主
매수인	매도인	대차	차주	대주
살 / 받을 / 사람	팔 / 건널 / 사람	빌릴 / 빌	빌 / 주인	빌릴 / 주인

代物	貸借	忍容	代替物	無利子
대물	대차	인용	대체물	무이자
대신할 / 만물	빌릴 / 빌	참을 / 얼굴	대신할 / 바꿀 / 만물	없을 / 날카로울 / 아들

借用額	合算額	收益權	借用物
차용액	합산액	수익권	차용물
빌 / 쓸 / 이마	합할 / 셀 / 이마	거둘 / 더할 / 권세	빌 / 쓸 / 만물

使用貸借	共同借主	義務	朽廢
사용대차	공동차주	의무	후폐
하여금 / 쓸 / 빌릴 / 빌	함께 / 한가지 / 빌 / 주인	옳을 / 일	썩을 / 폐할

轉借人	小部分	轉貸	收穫	解止
전 차 인	소 부 분	전 대	수 확	해 지
구를 빌릴 사람	작을 거느릴 나눌	구를 빌릴	거둘 거둘	풀 발

通告	借賃	破産管財人	報酬額
통 고	차 임	파 산 관 재 인	보 수 액
통할 알릴	빌 품팔이	깨뜨릴 낳을 주관할 재물 사람	갚을 갚을 이마

技能	延滯	默示	明示	專屬性
기 능	연 체	묵 시	명 시	전 속 성
재주 능할	끌 막힐	묵묵할 보일	밝을 보일	오로지 엮을 성품

勞務者	受給人	都給人	勞務
노 무 자	수 급 인	도 급 인	노 무
일할 일 놈	받을 넉넉할 사람	도울 넉넉할 사람	일할 일

終身	補修	基因	抽籤	優秀	懸賞
종 신	보 수	기 인	추 첨	우 수	현 상
끝날 몸	기울 닦을	터 인할	뺄 제비	넉넉할 빼어날	매달 상줄

應募	期間	廣告	廣告者	判定者
응 모	기 간	광 고	광 고 자	판 정 자
응할 모을	기약할 틈	넓을 알릴	넓을 알릴 놈	판가름할 정할 놈

顚末	委任	復任權	受任人	處理
전 말	위 임	복 임 권	수 임 인	처 리
이마 끝	맡길 맡길	돌아올 맡길 권세	받을 맡길 사람	살 다스릴

委任人	受置人	任置人	任置物
위 임 인	수 치 인	임 치 인	임 치 물
맡길 맡길 사람	받을 둘 사람	맡길 둘 사람	맡길 둘 만물

事務	無償	消費	任置	受置組合
사 무	무 상	소 비	임 치	수 치 조 합
일 일	없을 갚을	사라질 쓸	맡길 둘	받을 둘 끈 합할

延滯	利子	相互	出資	共同	事業
연 체	이 자	상 호	출 자	공 동	사 업
끌 막힐	날카로울 아들	서로 서로	날 재물	함께 한가지	일 업

損益	分配	任意	脫退	終身	紛爭
손 익	분 배	임 의	탈 퇴	종 신	분 쟁
덜 더할	나눌 아내	맡길 뜻	벗을 물러날	끝날 몸	어지러워질 다툴

讓步	定期金	契約	創設的	經營
양 보	정 기 금	계 약	창 설 적	경 영
사양할 걸음	정할 기약할 쇠	맺을 맺을	비롯할 베풀 과녁	지날 경영할

第3章(제3장) 事務管理(사무관리)

事	務	管	理	現	存	利	益
사	무	관	리	현	존	이	익
일	일	주관할	다스릴	나타날	있을	날카로울	더할

第4章(제4장) 不當利得(부당이득)

非	債	辨	濟	道	義	觀	念	原	物	返	還
비	채	변	제	도	의	관	념	원	물	반	환
아닐	빚	분별할	건널	길	옳을	볼	생각할	근원	만물	돌아올	돌아올

不	法	原	因	給	與	受	益	者	轉	得	者
불	법	원	인	급	여	수	익	자	전	득	자
아닐	법	근원	인할	줄	줄	받을	더할	놈	구를	얻을	놈

價	額	返	還
가	액	반	환
값	이마	돌아올	돌아올

第5章(제5장) 不法行爲(불법행위)

慰	藉	料	精	神	上	苦	痛	生	命	侵	害
위	자	료	정	신	상	고	통	생	명	침	해
위로할	깔개	헤아릴	정할	귀신	위	쓸	아플	날	목숨	침노할	해칠

直	系	尊	屬	卑	屬	辨	識	智	能	心	身
직	계	존	속	비	속	변	식	지	능	심	신
곧을	이을	높을	엮을	낮을	엮을	분별할	알	슬기	능할	마음	몸

喪	失	責	任	能	力	法	定	義	務	共	同
상	실	책	임	능	력	법	정	의	무	공	동
죽을	잃을	꾸짖을	맡길	능할	힘	법	정할	옳을	일	함께	한가지

使	用	者	工	作	物	不	法	行	爲	急	迫
사	용	자	공	작	물	불	법	행	위	급	박
하여금	쓸	놈	장인	지을	만물	아닐	법	갈	할	급할	닥칠

敎	唆	者	幇	助	者	正	當	防	衛	緊	急
교	사	자	방	조	자	정	당	방	위	긴	급
가르칠	부추길	놈	도울	도울	놈	바를	당할	막을	지킬	긴할	급할

避	難	胎	兒	名	譽	毁	損
피	난	태	아	명	예	훼	손
피할	어려울	아이 밸	아이	이름	기릴	헐	덜

第4編(제4편) 親族(친족)

第1章(제1장) 總則(총칙)

血族	姻戚	兄弟	姉妹	傍系	系源
혈 족	인 척	형 제	자 매	방 계	계 원
피 겨레	혼인 겨레	맏 아우	손윗누이 누이	곁 이을	이을 근원

寸數	世數	通算	養子	親系	離婚
촌 수	세 수	통 산	양 자	친 계	이 혼
마디 셀	대 셀	통할 셀	기를 아들	친할 이을	떼놓을 혼인할

再婚	罷養
재 혼	파 양
두 혼인할	마칠 기를

第2章(제2장) 戶主(호주)와 家族(가족)

一家	系統	分家	創立	復興	入籍
일 가	계 통	분 가	창 립	부 흥	입 적
한　집	이을　거느릴	나눌　집	비롯할　설	다시　일	들　서적

前戶主	新戶主	姓本	母家	婚姻
전 호 주	신 호 주	성 본	모 가	혼 인
앞　지게　주인	새　지게　주인	성　밑	어미　집	혼인할　혼인

復籍	親家	廢家	無後	法定	戶主
복 적	친 가	폐 가	무 후	법 정	호 주
돌아올　서적	친할　집	폐할　집	아닐　뒤	법　정할	지게　주인

特有	財産	約婚	成年	適齡	解除
특 유	재 산	약 혼	성 년	적 령	해 제
특별할　있을	재물　낳을	맺을　혼인할	이룰　해	맞을　나이	풀　덜

性病	不治	精神病
성 병	불 치	정 신 병
성품　병	아닐　다스릴	정할　귀신　병

제2장 한자법률용어

親族會	婚姻	適齡	姦淫	惡疾
친 족 회	혼 인	적 령	간 음	악 질
친할 / 겨레 / 모일	혼일할 / 혼인	맞을 / 나이	간사할 / 음란할	악할 / 병

同姓	同本	男系	血族	重婚
동 성	동 본	남 계	혈 족	중 혼
한가지 / 성	한가지 / 밑	사내 / 이을	피 / 겨레	무거울 / 혼인할

同姓婚	戶籍法	再婚禁止	期間
동 성 혼	호 적 법	재 혼 금 지	기 간
한가지 / 성 / 혼인할	지게 / 서적 / 법	두 / 혼인할 / 금할 / 그칠	기약할 / 사이

婚姻	申告	解産	受理	胞胎	出生
혼 인	신 고	해 산	수 리	포 태	출 생
혼일할 / 혼인	거듭 / 알릴	풀 / 낳을	받을 / 다스릴	태보 / 아이 밸	출 / 날

家庭	法院	同居	日常	家事	代理權
가 정	법 원	동 거	일 상	가 사	대 리 권
집 / 뜰	법 / 집	한가지 / 있을	날 / 항상	집 / 일	대신 / 다스릴 / 권세

生活	費用	危殆	協議	連署	不貞
생 활	비 용	위 태	협 의	연 서	부 정
날 / 살	쓸 / 쓸	위태할 / 위태할	화합할 / 의논할	잇닿을 / 관청	아닐 / 곧을

遺	棄	待	遇	財	産	分	割	請	求	權	事	前
유	기	대	우	재	산	분	할	청	구	권	사	전
끼칠	버릴	기다릴	만날	재물	낳을	나눌	나눌	청할	구할	권세	일	앞

同	意	面	接	交	涉	權	事	後	容	恕
동	의	면	접	교	섭	권	사	후	용	서
한가지	뜻	낯	이을	사귈	건널	권세	일	뒤	얼굴	용서할

第4章(제4장) 父母(부모)와 子(자)

特	別	代	理	人	親	生	子	親	生	否	認
특	별	대	리	인	친	생	자	친	생	부	인
특별할	나눌	대신할	다스릴	사람	친할	날	아들	친할	날	아닐	알

關	係	存	否	確	認	遺	言	執	行	者
관	계	존	부	확	인	유	언	집	행	자
빗장	맬	있을	아닐	굳을	알	끼칠	말씀	잡을	갈	놈

年	長	者	親	權	者	居	所	指	定	權	懲	戒	權
연	장	자	친	권	자	거	소	지	정	권	징	계	권
해	길	놈	친할	권세	놈	살다	바	손가락	정할	권세	경계할	경계할	권세

認知	汚瀆	傾倒		敎養		矯正		機關	
인 지	오 독	경 도		교 양		교 정		기 관	
알 / 알	더러울 / 더럽힐	기울	넘어질	가르침	기를	바로잡을	바를	틀	관계할

委託		感化	共同	親權者			利害		相反
위 탁		감 화	공 동	친 권 자			이 해		상 반
맡길	부탁할	느낄 / 될	함께 / 한가지	친할	권세	놈	날카로울	해칠	서로 / 되돌릴

行爲		服從	非行	辭退	
행 위		복 종	비 행	사 퇴	
갈	행위	옷 / 좋을	아닐 / 갈	말	물러날

第5章(제5장) 後見(후견)

最近親			養父母			親生		父母		不拘	
최 근 친			양 부 모			친 생		부 모		불 구	
가장	가까울	친할	기를	아비	어미	친할	날	아비	어미	아니	잡을

俱存	生家	血族	養家	堪當	缺格
구 존	생 가	혈 족	양 가	감 당	결 격
함께 있을	날 집	피 겨레	기를 집	견딜 당할	이지러질 격식

事由	參與	療養	監護	私宅	監禁
사 유	참 여	요 양	감 호	사 택	감 금
글 말미암을	간여할 줄	병 고칠 기를	볼 보호할	사사 집	볼 금할

精神	病院	監禁	治療	被後見人
정 신	병 원	감 금	치 료	피 후 견 인
정할 귀신	병 집	볼 금할	다스릴 병 고칠	입을 뒤 볼 사람

第6章(제6장) 親族會(친족회)

常設	親族會	意見書	意見	開陳
상 설	친 족 회	의 견 서	의 견	개 진
항상 베풀	친할 겨레 모일	뜻 들을 글	뜻 들을	열 늘어놓을

第7章(제7장) 扶養(부양)

扶 養	義 務 者
부 양	의 무 자
도울 기를	옳을 일 놈

第8章(제8장) 戶主承繼(호주승계)

國 籍	離 籍	僭 稱	戶 主	繫 屬
국 적	이 적	참 칭	호 주	계 속
나라 서적	떼놓을 서적	참람할 일컬을	지게 주인	맬 엮을

第5編(제5편) 相續(상속)

第1章(제1장) 相續(상속)

相續		開始		回復		請求		傷害	
상 속		개 시		회 복		청 구		상 해	
서로	이을	열	처음	돌	돌아올	청할	구할	상처	해칠

僭稱		相續權者				被相續人				共同	
참 칭		상 속 권 자				피 상 속 인				공 동	
참람할	일컬을	서로	이을	권세	놈	입을	서로	이을	사람	함께	한가지

順位		單獨		代襲相續				僞造		變造	
순 위		단 독		대 습 상 속				위 조		변 조	
순할	자리	홀	홀로	대신	엄습할	서로	이을	거짓	지을	변할	지을

破棄		寄與		控除		墳墓		特別		墓土	
파 기		기 여		공 제		분 묘		특 별		묘 토	
깨뜨릴	버릴	부칠	줄	당길	덜	무덤	무덤	특별할	나눌	무덤	흙

族譜	受益者	相續分	禁養林野
족보	수익자	상속분	금양임야
겨레 / 계보	받을 / 더할 / 놈	서로 / 이을 / 나눌	금할 / 기를 / 수풀 / 들

祭具	祭祀	固有	財産	單純	承認
제구	제사	고유	재산	단순	승인
제사 / 갖출	제사 / 제사	굳을 / 있을	재물 / 낳을	홑 / 순수할	이룰 / 알

均分	限定	隱匿	不正	消費	受贈
균분	한정	은닉	부정	소비	수증
고를 / 나눌	한계 / 정할	숨길 / 숨을	아닐 / 바를	사라질 / 쓸	받을 / 보낼

狀況	報告	療養	看護	特別
상황	보고	요양	간호	특별
형상 / 상황	갚을 / 알릴	병고칠 / 기를	볼 / 보호할	특별할 / 나눌

緣故者
연고자
인연 / 옛 / 놈

第2章(제2장) 遺言(유언)

遺言	適齡	能力	心神	回復	自筆
유 언	적 령	능 력	심 신	회 복	자 필
끼칠 말씀	맞을 나이	능할 힘	마음 귀신	돌 돌아올	스스로 붓

證書	要式	錄音	公正	秘密	口授
증 서	요 식	녹 음	공 정	비 밀	구 수
증거 글	구할 법	기록할 소리	공정할 바를	숨길 빽빽할	입 줄

挿入	削除	筆記	朗讀	嚴封	捺印
삽 입	삭 제	필 기	낭 독	엄 봉	날 인
꽂을 둘	깎을 덜	붓 기록할	밝을 읽을	엄할 봉할	누를 도장

封書	法院	書記	封印	確定	日字
봉 서	법 원	서 기	봉 인	확 정	일 자
봉할 글	법 집	글 기록할	봉할 도장	굳을 정할	날 글자

檢認	果實	取得權	包括的	生前
검 인	과 실	취 득 권	포 괄 적	생 전
검사할 알	실과 열매	취할 얻을 권세	쌀 묶을 과녁	날 앞

執行者	行爲
집 행 자	행 위
잡을 갈 놈	갈 할

III. 刑法(형법)

第1編 總則(총칙)

第1章 刑法(형법)의 適用範圍(적용범위)

犯罪	處罰	行爲	舊法	新法	裁判
범 죄	처 벌	행 위	구 법	신 법	재 판
범할 허물	살 죄	갈 할	예 법	새 법	마를 가름할

確定	國內	國外	領域	郵票	印紙
확 정	국 내	국 외	영 역	우 표	인 지
굳을 정할	나라 안	나라 밖	거느릴 지경	역참 표	도장 종이

減輕
감 경
덜 가벼울

第2章 罪(죄)

刑事	未成年者	心神	障碍	辨別
형사	미성년자	심신	장애	변별
형벌 일	아닐 이룰 해 놈	마음 귀신	가로막을 거리낄	분별할 나눌

微弱	危險	豫見	惹起	聾啞	危害
미약	위험	예견	야기	농아	위해
적을 약할	위태할 해할	미리 볼	이끌 일어날	귀머거리 벙어리	위태할 해칠

防禦	成立	要素	正常	誤認	因果
방어	성립	요소	정상	오인	인과
막을 막을	이룰 설	구할 흴	바를 항상	그릇할 알	인할 실과

關係	連結	不作爲犯	獨立	行爲
관계	연결	부작위범	독립	행위
빗장 맬	잇닿을 맺을	아닐 지을 할 범할	홀로 설	갈 할

競合	同時	異時	判明	正當	社會
경합	동시	이시	판명	정당	사회
겨룰 합할	한가지 때	다를 때	판가름할 밝을	바를 당할	모일 모일

제 2 장 한자법률용어

常規	防衛	情況	恐怖	驚愕	興奮
상 규	방 위	정 황	공 포	경 악	흥 분
항상 / 법	막을 / 지킬	뜻 / 하물며	두려울 / 두려워할	놀랄 / 놀랄	일 / 떨칠

唐慌	緊急	避難	危難	自救	實行
당 황	긴 급	피 난	위 난	자 구	실 행
당황할 / 두려울	긴할 / 급할	피할 / 어려울	위태할 / 어려울	스스로 / 건질	열매 / 갈

着手	未遂	旣遂	中止	不能	危險
착 수	미 수	기 수	중 지	불 능	위 험
붙을 / 손	아닐 / 이를	이미 / 이를	가운데 / 그칠	아닐 / 능할	위태할 / 험할

陰謀	豫備	共同	正犯	敎唆	從犯
음 모	예 비	공 동	정 범	교 사	종 범
응달 / 꾀할	미리 / 갖출	함께 / 한가지	바를 / 범할	가르침 / 부추길	좇을 / 범할

被敎唆者	幇助	正犯	共犯	身分
피 교 사 자	방 조	정 범	공 범	신 분
입을 / 가르침 / 부추길 / 아들	도울 / 도울	바를 / 범할	함께 / 범할	몸 / 나눌

關係	間接	累犯	發覺	通算	競合
관 계	간 접	누 범	발 각	통 산	경 합
빗장 / 맬	틈 / 이을	묶을 / 범할	필 / 깨달을	통할 / 셀	겨룰 / 합할

處罰	區別	倂科	同種	異種	看做
처벌	구별	병과	동종	이종	간주
곳 죄	지경 나눌	아우를 과정	한가지 씨	다를 씨	볼 지을

想像
상 상
생각할 형상

第3章 刑(형)

死刑	懲役	禁錮	資格	喪失	停止
사형	징역	금고	자격	상실	정지
죽을 형벌	징계할 부릴	금할 땜질할	재물 격식	잃을 잃을	머무를 그칠

罰金	拘留	科料	沒收	有期	懲役
벌금	구류	과료	몰수	유기	징역
죄 쇠	잡을 머무를	과정 헤아릴	가라앉을 거둘	있을 기약할	징계할 부릴

無期	支配	檢査	未滿	追徵	圖畵
무기	지배	검사	미만	추징	도화
없을 기약할	지탱할 나눌	검사할 조사할	아닐 찰	쫓을 부를	그림 그림

제2장 한자법률용어

電磁		記錄		特殊		媒體		附加		輕重	
전	자	기	록	특	수	매	체	부	가	경	중
번개	자석	기록할	기록할	특별할	죽일	중매	몸	붙을	더할	가벼울	무거울

罪質		犯情		量刑		性行		知能		環境	
죄	질	범	정	양	형	성	행	지	능	환	경
허물	바탕	범할	뜻	헤아릴	형벌	성품	갈	알	능할	고리	지경

自首		自服		搜査		責任		酌量減輕			
자	수	자	복	수	사	책	임	작	량	감	경
스스로	머리	스스로	옷	찾을	조사할	꾸짖을	맡길	따를	헤아릴	덜	가벼울

情狀		選擇		刑期		拘禁		日數		通算	
정	상	선	택	형	기	구	금	일	수	통	산
뜻	형상	가릴	가릴	형벌	기약할	잡을	금할	해	셀	통할	셀

免訴		宣告		猶豫		保護		觀察		再犯	
면	소	선	고	유	예	보	호	관	찰	재	범
면할	하소연할	베풀	알릴	오히려	미리	지킬	보호할	볼	살필	두	범할

防止		執行		社會		奉仕		受講		命令	
방	지	집	행	사	회	봉	사	수	강	명	령
막을	발	잡을	갈	모일	모일	받들	벼슬할	받을	외울	목숨	영

刑	務	拘	置	勞	役	留	置	期	間	日	數
형	무	구	치	노	역	유	치	기	간	일	수
형벌	일	잡을	둘	일할	부릴	머무를	들	기약할	틈	해	셀

假	釋	放	完	納	期	刑	受	刑
가	석	방	완	납	기	형	수	형
거짓	플	놓을	완전할	바칠	기약할	형벌	받을	형벌

第4章 期間(기간)

曆	數	釋	放	刑	期	終	了
역	수	석	방	형	기	종	료
책력	셀	풀	놓을	형벌	기약할	끝날	마칠

第2編 各則(각칙)

第1章 內亂(내란)의 罪(죄)

國土		僭竊		國憲		紊亂		暴動		處斷	
국	토	참	절	국	헌	문	란	폭	동	처	단
나라	흙	참람할	훔칠	나라	법	어지러울	어지러울	사나울	움직일	곳	끊을

首魁		謀議		殺傷		破壞		掠奪		附和	
수	괴	모	의	살	상	파	괴	약	탈	부	화
머리	괴수	꾀할	의논할	죽일	상처	깨트릴	무너질	노략질할	빼앗을	붙을	화할

隨行		煽動		宣傳	
수	행	선	동	선	전
따를	갈	부추길	움직일	베풀	전할

第2章 外患(외환)의 罪(죄)

外patient	誘致	通謀	戰端	抗敵	與敵
외 환	유 치	통 모	전 단	항 적	여 적
밖 / 근심	꾈 / 보낼	통할 / 꾀할	싸울 / 바를	막을 / 원수	줄 / 원수

敵國	合勢	募兵	利敵	施設	提供
적 국	합 세	모 병	이 적	시 설	제 공
원수 / 나라	합할 / 기세	모을 / 군사	이로울 / 원수	베풀 / 베풀	끌 / 이바지할

利敵	要塞	陣營	破壞	軍用	物件
이 적	요 새	진 영	파 괴	군 용	물 건
이로울 / 원수	구할 / 변방	진칠 / 경영할	깨뜨릴 / 무너질	군사 / 쓸	만물 / 사건

兵器	彈藥	戰鬪	機密	漏泄	準敵
병 기	탄 약	전 투	기 밀	누 설	준 적
군사 / 그릇	탄알 / 약	싸울 / 싸움	틀 / 빽빽할	샐 / 샐	준할 / 원수

敵對	戰時	軍需	契約	履行	工作
적 대	전 시	군 수	계 약	이 행	공 작
원수 / 대답할	싸울 / 때	군사 / 구할	맺을 / 묶을	밟을 / 길	장인 / 지을

同盟	
동	맹
한가지	맹세할

第3章 國旗(국기)에 關(관)한 罪(죄)

國章		冒瀆		侮辱		汚辱		誹謗	
국	장	모	독	모	욕	오	욕	비	방
나라	글	무릅쓸	더럽힐	업신여길	욕되게할	더러울	욕되게할	헐뜯을	헐뜯을

第4章 國交(국교)에 關(관)한 罪(죄)

外國		元首		滯在		使節		公訴		私戰	
외	국	원	수	체	재	사	절	공	소	사	전
밖	나라	으뜸	머리	막힐	있을	부릴	마디	공평할	하소연할	사사로울	싸울

中立		命令		違反		交戰		探知		蒐集	
중	립	명	령	위	반	교	전	탐	지	수	집
가운데	설	목숨	영	어길	되돌릴	사귈	싸울	찾을	알	모을	모일

第5章 公安(공안)을 害(해)하는 罪(죄)

犯罪		團體		騷擾		多衆		集合		解散	
범죄		단체		소요		다중		집합		해산	
범할	허물	둥글	몸	떠들	어지러울	많을	무리	모일	합할	풀	흩을

團束		命令		戰時		公需		契約		履行	
단속		명령		전시		공수		계약		이행	
둥글	묶을	목숨	영	싸울	때	공평할	구할	맺을	묶을	밟을	갈

食糧		生活		必需		供給		詐稱	
식량		생활		필수		공급		사칭	
밥	양식	날	살	반드시	구할	이바지할	줄	속일	일컬을

第6章 爆發物(폭발물)에 관한 罪(죄)

爆發		使用		公安		製造		輸入		輸出	
폭	발	사	용	공	안	제	조	수	입	수	출
터질	필	하여금	쓸	공평할	편안할	지을	지을	나를	들	나를	날

授受		所持	
접	수	소	지
줄	받을	바	가질

第7章 公務員(공무원)의 職務(직무)에 關(관)한 罪(죄)

職務		遺棄		遂行		職權		濫用		不法	
직	무	유	기	수	행	직	권	남	용	불	법
벼슬	일	끼칠	버릴	이를	갈	벼슬	권세	넘칠	쓸	아닐	법

逮捕		監禁		檢察		警察		人身		拘束	
체	포	감	금	검	찰	경	찰	인	신	구	속
잡을	사로잡을	볼	금할	검사할	살필	경계할	살필	사람	몸	잡을	묶을

苛酷	行爲	被疑	事實	公表	公務
가 혹	행 위	피 의	사 실	공 표	공 무
가혹할 / 독할	갈 / 할	입을 / 의심할	일 / 열매	공평할 / 겉	공평할 / 일

秘密	選擧	妨害	立候補者	收賂
비 밀	선 거	방 해	입 후 보 자	수 뢰
숨길 / 빽빽할	가릴 / 들	방해할 / 해칠	설 / 기후 / 기울 / 놈	거둘 / 뇌물줄

事前	約束	仲裁	擔當	賂物	三者
사 전	약 속	중 재	담 당	뇌 물	삼 자
일 / 앞	묶을 / 묶을	버금 / 마를	멜 / 당할	뇌물줄 / 만물	석 / 놈

提供	請託	供與	不正	處事	斡旋
제 공	청 탁	공 여	부 정	처 사	알 선
끌 / 이바지할	청할 / 부탁할	이바지할 / 줄	아닐 / 바를	곳 / 일	관리할 / 돌

第8章 公務妨害(공무방해)에 關(관)한 罪(죄)

公務	執行	妨害	僞計	法廷	國會
공 무	집 행	방 해	위 계	법 정	국 회
공평할 / 일	잡을 / 갈	방해할 / 해칠	거짓 / 꾀	법 / 조정	나라 / 모일

會議	侮辱	人權	擁護	職務	秘密
회 의	모 욕	인 권	옹 호	직 무	비 밀
모일 / 의논할	업신여길 / 욕되게할	사람 / 권세	안을 / 보호할	벼슬 / 일	숨길 / 빽빽할

標示	無效	强制	處分	損傷	封緘
표 시	무 효	강 제	처 분	손 상	봉 함
표할 / 보일	없을 / 본받을	굳셀 / 마를	곳 / 나눌	덜 / 상처	봉할 / 봉할

裝置	動産	效用	侵害	明渡	公用
장 치	동 산	효 용	침 해	명 도	공 용
꾸밀 / 둘	움직일 / 낳을	본받을 / 쓸	침노할 / 해칠	밝을 / 건널	공평할 / 쓸

書類	保管	命令	携帶
서 류	보 관	명 령	휴 대
쓸 / 무리	지킬 / 주관할	목숨 / 영	끌 / 띠

第9章 逃走(도주)와 犯人隱匿(범인은닉)의 罪(죄)

集合	違反	暫時	解禁	特殊	逃走
집 합	위 반	잠 시	해 금	특 수	도 주
모일 / 합할	어길 / 되돌릴	잠시 / 때	풀 / 금할	특별할 / 죽일	달아날 / 달릴

收容	設備	援助	奪取	看守
수 용	설 비	원 조	탈 취	간 수
거둘 / 얼굴	갖출 / 준비할	도울 / 도울	빼앗을 / 취할	볼 / 지킬

第10章 僞證(위증)과 證據湮滅(증거인멸)의 罪(죄)

謀害	僞證	懲戒	事件	嫌疑	供述
모 해	위 증	징 계	사 건	혐 의	공 술
꾀할 / 해칠	거짓 / 증거	징계할 / 경계할	일 / 사건	싫어할 / 의심할	이바지할 / 지을

通譯	飜譯
통 역	번 역
통할 / 번역할	뒤칠 / 번역할

第11章 誣告(무고)의 罪(죄)

刑 事	處 分	
형 사	처	분
형벌 일	곳	나눌

第12章 信仰(신앙)에 關(관)한 罪(죄)

葬禮		禮拜		說敎		死體		遺骨		遺髮	
장 례		예 배		설 교		사 체		유 골		유 발	
장사지낼	예도	예도	절	말씀	가르칠	죽을	몸	끼칠	뼈	끼칠	터럭

發掘		藏置		領得		變死		檢視		妨害	
발 굴		장 치		영 득		변 사		검 시		방 해	
필	팔	감출	둘	거느릴	얻을	변할	죽을	검사할	볼	방해할	해칠

第13章 放火(방화)와 失火(실화)의 罪(죄)

現住	建造	自動	鑛坑	燒毀	公用
현 주	건 조	자 동	광 갱	소 훼	공 용
나타날 살	세울 지을	스스로 움직일	쇳돌 구덩이	사를 헐	공평할 쓸

造物	延燒	鎭火	妨害	業務	失火
조 물	연 소	진 화	방 해	업 무	실 화
지을 만물	끌 사를	진압할 불	방해할 해칠	업 일	잃을 불

重過失	爆發	物件	破裂	高壓
중 과 실	폭 발	물 건	파 열	고 압
무거울 지날 잃을	터질 필	만물 사건	깨트릴 찢을	높을 누를

放流	蒸氣	放射	放出	流出	撒布
방 류	증 기	방 사	방 출	유 출	살 포
놓을 흐를	찔 기운	놓을 쏠	놓을 날	흐를 날	뿌릴 펼

供給妨害
공 급 방 해
이바지할 줄 방해할 해칠

第14章 溢水(일수)와 水利(수리)에 關(관)한 罪(죄)

浸害	防水	妨害	水利
침 해	방 수	방 해	수 리
담글 / 해칠	막을 / 물	방해할 / 해칠	물 / 이로울

第15章 交通妨害(교통방해)의 罪(죄)

陸路	橋梁	軌道	燈臺	標識	顚覆
육 로	교 량	궤 도	등 대	표 지	전 복
뭍 / 길	다리 / 들보	길 / 길	등잔 / 돈대	표할 / 표할	엎드러질 / 덮을

埋沒	過失
매 몰	과 실
묻을 / 가라앉을	지날 / 잃을

第16章 飮用水(음용수)에 關(관)한 罪(죄)

使用		妨害		日常		飮用		淨水		毒物	
사	용	방	해	일	상	음	용	정	수	독	물
부릴	쓸	방해할	해칠	해	항상	마실	쓸	깨끗할	물	독	만물

混入		健康		水道		不通	
혼	입	건	강	수	도	불	통
섞을	들	튼튼할	편안할	물	길	아닐	통할

第17章 阿片(아편)에 關(관)한 罪(죄)

化合		阿片		吸食		稅關		公務	
화	합	아	편	흡	식	세	관	공	무
될	합할	언덕	조각	숨쉴	밥	구실	빗장	공평할	일

第18章 通貨(통화)에 關(관)한 罪(죄)

貨幣	紙幣	銀行	通貨	類似
화 폐	지 폐	은 행	통 화	유 사
재화 / 비단	종이 / 비단	은 / 갈	통할 / 재화	무리 / 같을

第19章 有價證券(유가증권), 郵票(우표)와 印紙(인지)에 關(관)한 罪(죄)

資格	冒用	虛僞	有價證券			事項
자 격	모 용	허 위	유 가 증 권			사 항
재물 / 격식	무릅쓸 / 쓸	빌 / 거짓	있을	값	증거 / 문서	일 / 목

郵便	料金	證票	消印	抹消
우 편	요 금	증 표	소 인	말 소
역참 / 편할	헤아릴 / 쇠	증거질 / 표	사라질 / 도장	지울 / 사라질

第20章 文書(문서)에 關(관)한 罪(죄)

公 務 書	事 務 所	虛 僞	文 書	僞 作
공 문 서	사 무 소	허 위	문 서	위 작
공평할 일 쓸	일 일 바	빌 거짓	무늬 쓸	거짓 지을

變 作	公 正	證 書	原 本	不 實	記 載
변 작	공 정	증 서	원 본	부 실	기 재
변할 지을	공평할 바를	증거 쓸	근원 밑	아닐 열매	기록할 실을

申 告	免 許	許 可	登 錄	旅 券	不 正
신 고	면 허	허 가	등 록	여 권	부 정
거듭 알릴	면할 허락할	허락할 옳을	오를 기록할	나그네 문서	아닐 바를

行 使	事 實	證 明	診 斷	複 寫	文 書
행 사	사 실	증 명	진 단	복 사	문 서
갈 부릴	일 열매	증거 밝을	볼 끊을	겹칠 베낄	무늬 쓸

第21章 印章(인장)에 關(관)한 罪(죄)

公印		不正		使用		記號		私印	
공	인	부	정	사	용	기	호	사	인
공평할	도장	아닐	바를	부릴	쓸	기록할	부르짖을	사사	도장

第22章 性風俗(성풍속)에 關(관)한 罪(죄)

姦通		告訴		慫慂		宥恕		淫行		媒介	
간	통	고	소	종	용	유	서	음	행	매	개
간사할	통할	알릴	하소연할	권할	권할	용서할	용서할	음란할	갈	중매	끼일

婦女		淫畵		頒布		展示		上映		公然	
부	녀	음	화	반	포	전	시	상	영	공	연
며느리	여자	음란할	그림	나눌	펼	펼	보일	위	비출	공평할	그러할

淫亂	
음	란
음란할	어지러울

第23章 賭博(도박)과 福票(복표)에 關(관)한 罪(죄)

常習		賭博		財物		一時		娛樂		開場	
상	습	도	박	재	물	일	시	오	락	개	장
항상	익힐	내기	넓을	재물	만물	한	때	즐거워할	즐길	열	마당

發賣		仲介	
발	매	중	개
필	팔	버금	끼일

第24章 殺人(살인)의 罪(죄)

尊屬		殺人		殺害		恥辱		隱蔽		養育	
존	속	살	인	살	해	치	욕	은	폐	양	육
높을	엮을	죽일	사람	죽일	해칠	부끄러워할	욕되게할	숨길	덮을	기를	기를

分娩		直後		嬰兒		囑託		威力		自殺	
분	만	직	후	영	아	촉	탁	위	력	자	살
나눌	해산할	곧을	뒤	어린아이	아이	부탁할	부탁할	위엄	힘	스스로	죽일

決	意
결	의
터질	뜻

第25章 傷害(상해)와 暴行(폭행)의 罪(죄)

傷	害	不	治	難	治	致	死	暴	行	同	時
상	해	불	치	난	치	치	사	폭	행	동	시
상처	해칠	아닐	다스릴	어려울	다스릴	이를	죽을	사나울	갈	한가지	때

第26章 過失致死傷(과실치사상)의 罪(죄)

過	失	致	傷	業	務
과	실	치	상	업	무
지날	잃을	이를	상처	업	일

第27章 落胎(낙태)의 罪(죄)

婦女	藥物
부 녀	약 물
며느리 / 여자	약 / 만물

第28章 遺棄(유기)와 虐待(학대)의 罪(죄)

老幼	虐待	兒童	酷使
노 유	학 대	아 동	혹 사
늙은이 / 어릴	사나울 / 기다릴	아이 / 아이	독할 / 하여금

第29章 逮捕(체포)와 監禁(감금)의 罪(죄)

苛酷
가 혹
매울 / 독할

第30章 脅迫(협박)의 罪(죄)

尊屬		脅迫		特殊	
존	속	협	박	특	수
높을	엮을	옆구리	닥칠	특별할	다를

第31章 略取(약취)와 誘引(유인)의 罪(죄)

醜行		醜業		國外		移送		結婚	
추	행	추	업	국	외	이	송	결	혼
추할	갈	추할	업	나라	밖	옮길	보낼	맺을	결혼할

第32章 强姦(강간)과 醜行(추행)의 罪(죄)

强制		强姦		抗拒		不能		婚姻	
강	제	강	간	항	거	불	능	혼	인
굳셀	바를	굳셀	간사할	막을	막을	아니	능할	혼인할	혼인

憑	藉
빙	자
기댈	깔개

第33章 名譽(명예)에 關(관)한 罪(죄)

死	者	出	版	雜	誌	違	法	阻	却
사	자	출	판	잡	지	위	법	조	각
죽을	놈	날	널	섞일	기록할	어길	법	막힐	물리칠

第34章 信用(신용), 業務(업무)와 競賣(경매)에 關(관)한 罪(죄)

信	用	毁	損	業	務	情	報	處	理
신	용	훼	손	업	무	정	보	처	리
믿을	쓸	헐	덜	업	일	뜻	갚을	곳	다스릴

裝	置	障	碍	入	札
장	치	장	애	입	찰
꾸밀	둘	가로막을	거리낄	들	편지

第35章 秘密侵害(비밀침해)의 罪(죄)

便	紙	代	書	業	者
편	지	대	서	업	자
편할	종이	대신할	쓸	업	놈

第36章 住居侵入(주거침입)의 罪(죄)

退	去	不	應	房	室
퇴	거	불	응	방	실
물러날	갈	아닐	응할	방	집

第37章 權利行使(권리행사)를 妨害(방해)하는 罪(죄)

權	利	行	使	妨	害	人	質	强	要	傷	害
권	리	행	사	방	해	인	질	강	요	상	해
권세	이로울	갈	부릴	방해할	해칠	사람	바탕	굳셀	요할	상처	해칠

殺害	占有	强取	取去	抗拒	罪跡
살해	점유	강취	취거	항거	죄적
죽일 해칠	차지할 있을	굳셀 취할	취할 갈	막을 막을	허물 자취

湮滅	强制	執行	免脫	同居	親族
인멸	강제	집행	면탈	동거	친족
잠길 멸망할	굳셀 마를	잡을 갈	면할 벗을	한가지 있을	친할 겨레

第38章 窃盗(절도)와 强盗(강도)의 罪(죄)

窃取	夜間	住居	侵入	窃盗	特殊
절취	야간	주거	침입	절도	특수
훔칠 취할	밤 틈	살 있을	침노할 들	훔칠 훔칠	특별할 다를

不法	使用	原動機	裝置	自轉車
불법	사용	원동기	장치	자전거
아닐 법	하여금 쓸	근원 움직일 틀	꾸밀 둘	스스로 구를 수레

强取	强盗	兇器	人質	强姦	海上
강취	강도	흉기	인질	강간	해상
굳셀 취할	굳셀 훔칠	흉악할 그릇	사람 바탕	굳셀 간사할	바다 위

動 力	
동	력
움직일	힘

第39章 詐欺(사기)와 恐喝(공갈)의 罪(죄)

詐欺		知慮		淺薄		便宜		施設		不正	
사	기	지	려	천	박	편	의	시	설	부	정
속일	속일	알	생각할	얕을	엷을	편할	마땅할	베풀	베풀	아닐	바를

利用		自動		販賣		公衆		電話		有料	
이	용	자	동	판	매	공	중	전	화	유	료
이로울	쓸	스스로	움직일	팔	팔	공평할	무리	번개	말할	있을	헤아릴

設備	
설	비
베풀	갖출

第40章 橫領(횡령)과 背任(배임)의 罪(죄)

占有	離脫	橫領	漂流
점 유	이 탈	횡 령	표 류
차지할 | 있을	떼놓을 | 벗을	가로 | 다스릴	떠돌 | 흐를

第41章 贓物(장물)에 關(관)한 罪(죄)

第42章 損壞(손괴)의 罪(죄)

財物	損壞	境界	侵犯	認識	不能
재 물	손 괴	경 계	침 범	인 식	불 능
재물 | 만물	덜 | 무너질	지경 | 지경	침노할 | 범할	알 | 알	아닐 | 능할

Ⅳ. 기타
(상법·민사소송법·형사소송법·행정법)

[商法](상법)

〈總則·商行爲〉 (총칙·상행위)

商 慣 習 法	法 人	一 方	雙 方	補 助
상 관 습 법	법 인	일 방	쌍 방	보 조
장사 익숙할 익힐 법	법 사람	한 모	쌍 방향	기울 도울

準 商 行 爲	營 業	商 人	當 然	擬 制
준 상 행 위	영 업	상 인	당 연	의 제
준할 장사 갈 할	경영할 업	장사 사람	당할 그러할	헤아릴 마를

店 鋪	設 備	無 能 力 者	代 理	商 業
점 포	설 비	무 능 력 자	대 리	상 업
가게 펼	베풀 갖출	없을 능할 힘 놈	대신할 다스릴	장사 업

使 用	共 同	支 配	表 見	包 括 代 理
사 용	공 동	지 배	표 현	포 괄 대 리
하여금 쓸	함께 한가지	가를 아내	겉 나타날	쌀 묶을 대신할 다스릴

物件	販賣	店員	商號	登記	名義
물 건	판 매	점 원	상 호	등 기	명 의
만물 / 사건	팔 / 팔	가게 / 수효	장사 / 부를	오를 / 기록할	이름 / 옳을

貸與	本店	支店	裁判	帳簿	貸借
대 여	본 점	지 점	재 판	장 부	대 차
빌릴 / 줄	밑 / 가게	가를 / 가게	마를 / 판가름할	휘장 / 장부	빌릴 / 빌

對照	決算	資産	評價	流動	取得
대 조	결 산	자 산	평 가	유 동	취 득
대답할 / 비출	결단할 / 셀	재물 / 낳을	평할 / 값	흐를 / 움직일	취할 / 얻을

價額	製作	時價	固定	減價	營業
가 액	제 작	시 가	고 정	감 가	영 업
값 / 이마	지을 / 지을	때 / 값	굳을 / 정할	덜 / 값	경영할 / 업

讓渡	讓受	競業	禁止	同種	商事
양 도	양 수	경 업	금 지	동 종	상 사
사양할 / 건널	사양할 / 받을	겨룰 / 업	금할 / 그칠	한가지 / 씨	장사 / 일

法定	利率	留置	流質	契約	時效
법 정	이 율	유 치	유 질	계 약	시 효
법 / 정할	이로울 / 비율	머무를 / 둘	흐를 / 바탕	맺을 / 묶을	때 / 본받을

제2장 한자법률용어

相互	計算	匿名	組合	利益	配當
상호	계산	익명	조합	이익	배당
서로 서로	꾀 셀	숨을 이름	짤 합할	이로울 더할	나눌 당할

損失	分擔	代理	仲介	見品	管理
손실	분담	대리	중개	견품	관리
덜 잃을	나눌 멜	대신할 다스릴	버금 끼일	볼 물건	주관할 다스릴

義務	結約	交付	帳簿	作成	商號
의무	결약	교부	장부	작성	상호
옳을 일	맺을 묶을	사귈 줄	휘장 장부	지을 이룰	장사 부를짓을

黙秘	委託	賣買	指定	價額	遵守
묵비	위탁	매매	지정	가액	준수
잠잠할 숨길	맡길 부탁할	팔 살	손가락 정할	값 이마	쫓을 지킬

介入	運送	周旋	貨物	相換	證券
개입	운송	주선	화물	상환	증권
끼일 들	돌 보낼	두루 돌	재화 만물	서로 바꿀	증거 문서

文言	物權	效力	中間	順次	物件
문언	물권	효력	중간	순차	물건
글 말	만물 권세	본받을 힘	가운데 틈	순할 버금	만물 사건

旅客	送狀	運賃	延着	高價	區間
여 객	송 장	운 임	연 착	고 가	구 간
나그네 / 손	보낼 / 문서	돌 / 품삯	끌 / 붙을	높을 / 값	지경 / 틈

受荷	受領	拒否	不能	公衆	接客
수 하	수 령	거 부	불 능	공 중	접 객
받을 / 멜	받을 / 거느릴	막을 / 아닐	아니 / 능할	공평할 / 무리	이을 / 손

携帶	倉庫	證券
휴 대	창 고	증 권
이끌(가질) / 띠	곳집 / 곳집	증거 / 문서

[會社](회사)

合名	會社	合資	株式	有限	無限
합명	회사	합자	주식	유한	무한
합할 이름	모일 모일	합할 재물	그루 법	있을 한계	없을 한계

責任	社員	株主	名簿	任員	理事
책임	사원	주주	명부	임원	이사
꾸짖을 맡길	모일 인원	그루 주인	이름 장부	맡길 수효	다스릴 일

代表	事會	業務	執行	總會	監事
대표	사회	업무	집행	총회	감사
대신할 겉	일 모일	업 일	잡을 다닐	거느릴 모일	볼 일

移轉	登記	變更	解散	命令	倂合
이전	등기	변경	해산	명령	병합
옮길 구를	오를 기록할	변할 고칠	풀 흩을	목숨 영	아우를 합할

審理	退社	入社	組織	淸算	任意
심리	퇴사	입사	조직	청산	임의
살필 다스릴	물러날 모일	들 모일	짤 짤	맑을 셀	맡길 뜻

法定	財産	目錄	貸借	對照	發起
법정	재산	목록	대차	대조	발기
법 정할	재물 낳을	눈 기록할	빌릴 빌	대답할 비출	필 일어날

設立	募集	定款	新株	發行	引受
설 립	모 집	정 관	신 주	발 행	인 수
베풀 설	모을 모을	정할 항목	새 그루	필 다닐	끌 받을

株式	現物	出資	發起	失權	節次
주 식	현 물	출 자	발 기	실 권	절 차
그루 법	나타날 만물	날 재물	쏠 일어날	잃을 권세	마디 버금

創立	總會	變態	資本	株券	券面
창 립	총 회	변 태	자 본	주 권	권 면
비롯할 설	모을 모일	변할 모양	재물 밑	그루 문서	문서 낯

端株	分割	併合	消却	額面	未達
단 주	분 할	병 합	소 각	액 면	미 달
끝 그루	나눌 나눌	아우를 합할	사라질 물리칠	이마 낯	아닐 통달할

假設	記名	償還	轉換	權利	社債
가 설	기 명	상 환	전 환	권 리	사 채
거짓 베풀	기록할 이름	상줄 돌아올	전할 바꿀	권세 이로울	모일 빚

新株	引受權附		買受	選擇	自己
신 주	인 수	권 부	매 수	선 택	자 기
새로울 그루	끌 받을	권세 붙을	살 받을	가릴 가릴	스스로 자기

共有	少數	集中	投票	忠實	義務
공 유	소 수	집 중	투 표	충 실	의 무
함께 있을	적을 셀	모일 가운데	던질 표	충성 열매	옳을 일

表	見	代	表	理	事	留	止	請	求	訴	訟
표	현	대	표	이	사	유	지	청	구	소	송
겉	나타날	대신할	겉	다스릴	일	머무를	그칠	청할	구할	하소연할	송사할

監	査	委	員	兼	任	禁	止	資	本	減	少
감	사	위	원	겸	임	금	지	자	본	감	소
볼	조사할	맡길	수효	겸할	맡길	금할	그칠	재물	밑	덜	적을

去	來	財	務	諸	表	每	決	算	期	附	屬
거	래	재	무	제	표	매	결	산	기	부	속
갈	올	재물	일	모두	겉	매양	결단할	셀	기약할	붙을	엮을

明	細	貸	借	對	照	損	益	計	算	利	益
명	세	대	차	대	조	손	익	계	산	이	익
밝을	가늘	빌릴	빌	대답할	비출	덜	더할	꾀	셀	이로울	더할

剩	餘	處	分	缺	損	處	理	營	業	報	告
잉	여	처	분	결	손	처	리	영	업	보	고
남을	남을	곳	나눌	이지러질	덜	곳	다스릴	경영할	업	갚을	알릴

定	期	總	會	臨	時	監	査	配	當	建	設
정	기	총	회	임	시	감	사	배	당	건	설
정할	기약할	거느릴	모일	임할	때	볼	조사할	나눌	당할	세울	베풀

利子	研究	開發	準備	轉入	合併
이 자	연 구	개 발	준 비	전 입	합 병
이로울 / 아들	갈 / 궁구할	열 / 필	준할 / 갖출	구를 / 들	합할 / 아우를

吸收	新設	簡易	配當	中間	會計
흡 수	신 설	간 이	배 당	중 간	회 계
숨들이쉴 / 거둘	새로운 / 베풀	대쪽 / 쉬울	나눌 / 당할	가운데 / 틈	모일 / 꾀

帳簿	閱覽	社債權者	集會	外國
장 부	열 람	사 채 권 자	집 회	외 국
휘장 / 장부	검열할 / 볼	모일 / 빚 / 권세 / 놈	모일 / 모일	밖 / 나라

閉鎖	命令	特別	背任	不實	文書
폐 쇄	명 령	특 별	배 임	부 실	문 서
닫을 / 쇠사슬	목숨 / 영	특별할 / 나눌	등 / 맡길	아니 / 열매	글월 / 쓸

行使	納入	假裝	超過	發行	瀆職
행 사	납 입	가 장	초 과	발 행	독 직
갈 / 하여금	바칠 / 들	거짓 / 꾸밀	넘을 / 지날	필 / 갈	더럽힐 / 벼슬

收賂罪	責任	免脫	利益	供與
수 뢰 죄	책 임	면 탈	이 익	공 여
거둘 / 뇌물줄 / 허물	꾸짖을 / 맡길	면할 / 벗을	이로울 / 더할	이바지할 / 줄

[保險](보험)

保險	契約	事故	確定	金額	契約
보 험	계 약	사 고	확 정	금 액	계 약
지킬 / 험할	맺을 / 묶을	일 / 옛	굳을 / 정할	쇠 / 이마	맺을 / 묶을

受益	被保險者	約款	損害	遡及
수 익	피 보 험 자	약 관	손 해	소 급
받을 / 더할	입을 / 지킬 / 험할 / 놈	묶을 / 항목	덜 / 해칠	거슬러 올라갈 / 미칠

告知	義務	免責	事由	相互	評價
고 지	의 무	면 책	사 유	상 호	평 가
알릴 / 알	옳을 / 일	면할 / 꾸짖을	일 / 말미암을	서로 / 서로	평할 / 값

重複	一部	火災	集合	運送	證券
중 복	일 부	화 재	집 합	운 송	증 권
무거울 / 겹칠	한 / 거느릴	불 / 재앙	모일 / 합할	돌 / 보낼	증거 / 문서

海上	船舶	積荷	希望	利益	價額
해 상	선 박	적 하	희 망	이 익	가 액
바다 / 위	배 / 큰배	쌓을 / 멜	바랄 / 바랄	이로울 / 더할	값 / 이마

自動	生命	傷害	養老	年金	團體
자 동	생 명	상 해	양 로	연 금	단 체
스스로 움직일	날 목숨	상처 해칠	기를 늙을	해 쇠	둥글 몸

[海商](해상)

船舶	國籍	證書	小型	所有	有限
선 박	국 적	증 서	소 형	소 유	유 한
배 큰배	나라 서적	증거 문서	작을 거푸집	바 있을	있을 한계

責任	傭船	管理	運航	賃借	船長
책 임	용 선	관 리	운 항	임 차	선 장
꾸짖을 맡길	품팔이 배	주관할 다스릴	돌 배	품팔이 빌	배 어른

契約	堪航	能力	注意	義務	船荷
계 약	감 항	능 력	주 의	의 무	선 하
맺을 묶을	견딜 배	능할 힘	물댈 뜻	옳을 일	배 멜

證券	共同	海損	衝突	海洋	事故
증 권	공 동	해 손	충 돌	해 양	사 고
증거 문서	함께 한가지	바다 덜	찌를 갑자기	바다 바다	일 옛

제2장 한자법률용어 155

救助	約定	分配	曳船	優先	特權
구 조	약 정	분 배	예 선	우 선	특 권
구할 도울	묶을 정할	나눌 나눌	끌 배	넉넉할 먼저	특별할 권세

債權	抵當	登記	船舶
채 권	저 당	등 기	선 박
빚 권세	거스를 당할	오를 기록할	배 큰배

[民事訴訟法](민사소송법)

普通	裁判	特別	土地	管轄	事物
보 통	재 판	특 별	토 지	관 할	사 물
널리 통할	마를 판가름할	특별할 나눌	흙 땅	주관할 다스릴	일 만물

審級	合意	專屬	辯論	移送	決定
심 급	합 의	전 속	변 론	이 송	결 정
살필 등급	합할 뜻	오로지 엮을	말잘할 말할	옮길 보낼	결단할 정할

除斥	忌避	回避	申請	當事者	能力
제 척	기 피	회 피	신 청	당 사 자	능 력
덜 물리칠	꺼릴 피할	돌 피할	거듭 청할	당할 일 놈	능할 힘

訴訟	辯論	選定	共同	通常	必須
소 송	변 론	선 정	공 동	통 상	필 수
하소연할 / 송사할	말잘할 / 말할	가릴 / 정할	함께 / 한가지	통할 / 항상	반드시 / 모름지기

參加	補助	獨立	告知	承繼	代理
참 가	보 조	독 립	고 지	승 계	대 리
간여할 / 더할	기울 / 도울	홀로 / 설	알릴 / 알	받들 / 이을	대신할 / 다스릴

費用	救助	釋明	求問	指揮	合議
비 용	구 조	석 명	구 문	지 휘	합 의
쓸 / 쓸	구할 / 도울	풀 / 밝을	구할 / 물을	손가락 / 휘두를	합할 / 의논할

單獨	判事	裁判	部員	受命	法官
단 독	판 사	재 판	부 원	수 명	법 관
홀 / 홀로	판가름할 / 일	마를 / 판가름할	거느릴 / 인원	받을 / 목숨	법 / 벼슬

受託	適時	提出	主義	自白	看做
수 탁	적 시	제 출	주 의	자 백	간 주
받을 / 부탁할	맞을 / 때	끌 / 날	주인 / 옳을	스스로 / 흰	볼 / 지을

終局	判決	中間	一部	確認	履行
종 국	판 결	중 간	일 부	확 인	이 행
끝날 / 판	판가름할 / 결단할	가운데 / 사이	한 / 거느릴	굳을 / 알	밟을 / 갈

제 2 장 한자법률용어

形成	自由	心證	證據	裁判	處分
형 성	자 유	심 증	증 거	재 판	처 분
모양 / 이룰	스스로 / 말미암을	마음 / 증거	증거 / 의거할	마를 / 판가름할	곳 / 나눌

口頭	直接	公開	執行	宣告	和解
구 두	직 접	공 개	집 행	선 고	화 해
입 / 머리	곧을 / 이을	공평할 / 열	잡일 / 갈	베풀 / 알릴	화할 / 풀

勸告	決定	異議	申請	訴提起	訴狀
권 고	결 정	이 의	신 청	소 제 기	소 장
권할 / 알릴	터질 / 정할	다를 / 의논할	거듭 / 청할	하소연할 / 끌 / 일어날	하소연할 / 문서

審査	請求	趣旨	原因	答辯	準備
심 사	청 구	취 지	원 인	답 변	준 비
살필 / 조사할	청할 / 구할	뜻 / 뜻	근원 / 인할	대답 / 말잘할	준할 / 갖출

書面	重複	提訴	被告	更正	變更
서 면	중 복	제 소	피 고	경 정	변 경
쓸 / 낯	무거울 / 겹칠	끌 / 하소연할	입을 / 알릴	고칠 / 바를	변할 / 고칠

反訴	要證	事實	證明	疏明	證人
반 소	요 증	사 실	증 명	소 명	증 인
되돌릴 / 하소연할	구할 / 증거	일 / 열매	증거 / 밝을	소통할 / 밝을	증거 / 사람

訊問	反對		交互		制度		文書		送付	
신문	반대		교호		제도		문서		송부	
물을 물을	되돌릴	대답할	사귈	서로	마를	법도	글월	쓸	보낼	줄

證據		保全		和解		上訴		抗訴		上告	
증거		보전		화해		상소		항소		상고	
증거	의거할	지킬	온전할	화할	풀	위	하소연할	막을	하소연할	위	알릴

抗告		卽時		特別		破棄		自判		記錄	
항고		즉시		특별		파기		자판		기록	
막을	알릴	곧	때	특별할	나눌	깨트릴	버릴	스스로	판가름할	기록할	기록할

再審		事由		督促		節次		支給		命令	
재심		사유		독촉		절차		지급		명령	
두	살필	일	말미암을	살펴볼	재촉할	마디	버금	가를	줄	목숨	영

少額		事件		公示		催告		除權		判決	
소액		사건		공시		최고		제권		판결	
적을	이마	일	사건	공평할	보일	재촉할	알릴	덜	권세	판가름할	터질

[刑事訴訟法] (형사소송법)

職權	調査	管轄	區域	移送	關聯
직권	조사	관할	구역	이송	관련
벼슬 / 권세	고를 / 조사할	주관할 / 다스릴	지경 / 지경	옮길 / 보낼	관계할 / 연이을

事件	指定	移轉	意思	無能力者		
사건	지정	이전	의사	무	능	력자
일 / 사건	손가락 / 정할	옮길 / 구를	뜻 / 생각할	없을	능할	힘 / 놈

輔助	國選	辯護	公判	調書	公訴
보조	국선	변호	공판	조서	공소
도울 / 도울	나라 / 가릴	말잘할 / 보호할	공평할 / 판가름할	고를 / 쓸	공평할 / 하소연할

事實	拘束	令狀	保釋	必要	任意
사실	구속	영장	보석	필요	임의
일 / 열매	잡을 / 묶을	영 / 문서	지킬 / 풀	반드시 / 구할	맡길 / 뜻

執行	停止	同行	緊急	逮捕	鑑定
집행	정지	동행	긴급	체포	감정
잡을 / 갈	머물 / 그칠	한가지 / 갈	긴할 / 급할	잡을 / 사로잡을	거울 / 정할

留置	未決	拘禁	日數	搜查	司法
유 치	미 결	구 금	일 수	수 사	사 법
머무를 둘	아닐 결단할	잡을 금할	날 셀	찾을 조사할	맡을 법

警察	官吏	特別	場所	監察	陳述
경 찰	관 리	특 별	장 소	감 찰	진 술
경계할 살필	벼슬 벼슬아치	특별할 나눌	마당 바	볼 살필	늘어놓을 지을

拒否	被疑	訊問	參考	國家	訴追
거 부	피 의	신 문	참 고	국 가	소 추
막을 아닐	입을 의심할	물을 물을	간여할 상고할	나라 가족	하소연할 쫓을

主義	起訴	便宜	不可	時效	不提
주 의	기 소	편 의	불 가	시 효	부 제
주인 옳을	일어날 하소연할	편할 마땅할	아닐 옳을	때 본받을	아닐 끌

理由	裁定	申請	決定	維持	指定
이 유	재 정	신 청	결 정	유 지	지 정
다스릴 말미암을	마를 정할	거듭 청할	결정할 정할	벼리 가질	손가락 정할

辯護	公判	準備	節次	訴狀	副本
변 호	공 판	준 비	절 차	소 장	부 본
말잘할 보호할	공평할 판가름할	수준기 갖출	마디 버금	하소연할 문서	버금 밑

제 2 장 한자법률용어

期日	無罪	推定	輕微	事件	必要
기 일	무 죄	추 정	경 미	사 건	필 요
기약할 / 날	없을 / 허물	밀 / 정할	가벼울 / 작을	일 / 사건	반드시 / 요구할

辯護	人定	訊問	冒頭陳述	簡易
변 호	인 정	신 문	모 두 진 술	간 이
말잘할 / 보호할	사람 / 정할	물을 / 물을	무릅쓸 / 머리 / 늘어놓을 / 지을	간략할 / 쉬울

被告	證據	調査	變更	免訴	判決
피 고	증 거	조 사	변 경	면 소	판 결
입을 / 알릴	증거 / 의거할	고를 / 조사할	변할 / 고칠	면할 / 하소연할	판가름할 / 결정할

最後陳述	棄却	管轄	違反	傳聞
최 후 진 술	기 각	관 할	위 반	전 문
가장 / 뒤 / 늘어놓을 / 지을	버릴 / 물리칠	주관할 / 다스릴	어길 / 되돌릴	전할 / 들을

補强	陳述	檢證	調書	證明	彈劾
보 강	진 술	검 증	조 서	증 명	탄 핵
기울 / 굳셀	늘어놓을 / 지을	검사할 / 증거	고를 / 쓸	증거 / 밝을	탄알 / 꾸짖을

證據	假納	判決	上訴	回復	抛棄
증 거	가 납	판 결	상 소	회 복	포 기
증거 / 의거할 거	거짓 / 바칠	판가름할 / 결정할	위 / 하소연할	돌 / 돌아올	던질 / 버릴

利益	禁止	原則	飛躍	上告	原審
이 익	금 지	원 칙	비 약	상 고	원 심
이로울 / 더할	금할 / 그칠	근원 / 법칙	날 / 뛸	위 / 알릴	근원 / 살필

法院	書面	審理	非常	略式	節次
법 원	서 면	심 리	비 상	약 식	절 차
법 / 담	쓸 / 낯	살필 / 다스릴	아닐 / 항상	다스릴 / 법	마디 / 버금

命令	正式	裁判	死刑	執行	調書
명 령	정 식	재 판	사 형	집 행	조 서
목숨 / 영	바를 / 법	마를 / 판가름할	죽을 / 형벌	잡을 / 갈	고를 / 쓸

停止	自由	刑	執	行	狀
정 지	자 유	형	집	행	장
머무를 / 그칠	스스로 / 말미암을	형벌	잡을	갈	문서

[行政法](행정법)

權力	分立	國家	行政	自治	委任
권력	분립	국가	행정	자치	위임
권세 힘	나눌 설	나라 가족	길 정사할	스스로 다스릴	맡길 맡길

組織	作用	管理	國庫	統治	行爲
조직	작용	관리	국고	통치	행위
짤 벼슬	지을 쓸	주관할 다스릴	나라 곳집	거느릴 다스릴	갈 할

政治	法治	主義	實質	形式	平等
정치	법치	주의	실질	형식	평등
정사 다스릴	법 다스릴	주인 옳을	열매 바탕	모양 법	평평할 무리

原則	比例	信賴	保護	不當	結付
원칙	비례	신뢰	보호	부당	결부
근원 법칙	견줄 법식	믿을 힙입을	지킬 보호할	아닐 마땅할	맺을 줄

禁止	公布	福利	給付	公法	私法
금지	공포	복리	급부	공법	사법
금할 그칠	공평할 베	복 이로울	줄 줄	공평할 법	사사로울 법

關係	主體	客體	適法	公定	確定
관 계	주 체	객 체	적 법	공 정	확 정
관계할 맬	주인 몸	손 몸	맞을 법	공평할 정할	굳을 정할

强制	自力	執行	制裁	救濟	爭訟
강 제	자 력	집 행	제 재	구 제	쟁 송
굳셀 마를	스스로 힘	잡을 갈	마를 마를	구할 건널	다툴 송사할

訴訟	審判	訴願	前置	主義	反射
소 송	심 판	소 원	전 치	주 의	반 사
하소연할 송사할	살필 판가름할	하소연할 원할	앞 둘	주인 옳을	되돌릴 쏠

利益	處分	契約	特別	形成	下命
이 익	처 분	계 약	특 별	형 성	하 명
이로울 더할	살 나눌	맺을 묶을	특별할 나눌	모양 이룰	아래 목숨

許可	免除	特許	認可	代理	準法
허 가	면 제	특 허	인 가	대 리	준 법
허락할 옳을	면할 덜	특별할 허락할	알 옳을	대신할 다스릴	준할 법

公證	通知	受理	附款	到達	抗告
공 증	통 지	수 리	부 관	도 달	항 고
공평할 증거	통할 알	받을 다스릴	붙을 항목	이를 통달할	막을 알릴

제 2 장 한자법률용어

取消	出訴	期間	當事	無效	確認
취 소	출 소	기 간	당 사	무 효	확 인
취할 / 사라질	날 / 하소연할	기약할 / 틈	당할 / 일	없을 / 본받을	굳을 / 알

訴訟	撤回	立法	規則	計劃	節次
소 송	철 회	입 법	규 칙	계 획	절 차
하소연할 / 송사할	거둘 / 돌	설 / 법	법 / 법칙	꾀 / 그을	마디 / 버금

指導	事實	强制	卽時	刑罰	秩序
지 도	사 실	강 제	즉 시	형 벌	질 서
손가락 / 이끌	일 / 열매	굳셀 / 마를	곧 / 때	형벌 / 죄	차례 / 차례

過徵	加算	拒否	損失	報償	職務
과 징	가 산	거 부	손 실	보 상	직 무
지날 / 부를	더할 / 셀	막을 / 아니	덜 / 잃을	갚을 / 갚을	벼슬 / 일

執行	決定	前置	不作爲	客觀
집 행	결 정	전 치	부 작 위	객 관
잡을 / 갈	결정할 / 정할	앞 / 둘	아닐 / 지을 / 할	손 / 볼

民衆	機關	組織	法定	中央	集權
민 중	기 관	조 직	법 정	중 앙	집 권
백성 / 무리	틀 / 빗장	짤 / 짤	법 / 정할	가운데 / 가운데	모일 / 권세

補佐	議決	執行	監查	附屬	企業
보 좌	의 결	집 행	감 사	부 속	기 업
기울 / 도울	의논할 / 결정할	잡을 / 갈	볼 / 조사할	붙을 / 엮을	꾀할 / 업

營造	公共	團體	組合	法人	住民
영 조	공 공	단 체	조 합	법 인	주 민
경영할 / 지을	공평할 / 함께	둥글 / 몸	짤 / 합할	법 / 사람	살 / 백성

自治	事務	固有	委任	立法	條例
자 치	사 무	고 유	위 임	입 법	조 례
스스로 / 다스릴	일 / 일	굳을 / 있을	맡길 / 맡을	설 / 법	가지 / 법식

財政	教育	委員	職業	公務員	
재 정	교 육	위 원	직 업	공 무 원	
재물 / 정사	가르침 / 기를	맡길 / 인원	벼슬 / 업	공평할 / 일 / 인원	

地方	議會	昇進	轉職	轉補	復職
지 방	의 회	승 진	전 직	전 보	복 직
땅 / 방향	의논할 / 모일	오를 / 나아갈	구를 / 벼슬	구를 / 기울	돌아올 / 벼슬

休職	職位	解除	降任	停職	減俸
휴 직	직 위	해 제	강 임	정 직	감 봉
쉴 / 벼슬	벼슬 / 자리	풀 / 덜	내릴 / 맡길	머무를 / 벼슬	덜 / 녹

當然	退職	免職	依願	懲戒	職權
당연	퇴직	면직	의원	징계	직권
당할 / 그러할	물러날 / 벼슬	면할 / 벼슬	의지할 / 원할	혼날 / 형틀	벼슬 / 권세

訴請	誠實	義務
소청	성실	의무
하소연할 / 청할	정성 / 열매	옳을 / 일

Chapter 3

사자성어 및 고사성어
(四字成語)　　　(故事成語)

사자성어(四字成語)는 교훈이나 유래를 담고 있으면서 한자 네 자로 이루어진 말을 의미하고, 고사성어(故事成語)는 옛이야기에서 유래한 것으로써 한자로 이루어진 말을 의미한다. 다음에서는 가나다 순으로 배열하고 있다.

1	呵呵大笑 가가대소	너무 우스워서 한바탕 껄껄 웃음
2	家家門前 가가문전	집마다의 문 앞
3	家家戶戶 가가호호	각 집 혹은 집집마다
4	可堪之人 가감지인	(어떤 일을)감당할 만한 사람
5	可居之地 가거지지	머물러 살 만한 곳 혹은 살기 좋은 곳
6	家鷄野鶩 가계야목	집의 닭을 미워하고 들의 물오리를 사랑한다는 뜻으로, 일상 흔한 것을 피하고 새로운 것, 진기한 것을 존중함을 비유
7	家鷄野雉 가계야치	집의 닭을 미워하고 들의 꿩을 사랑한다는 뜻으로, 아내를 소박하고 첩을 좋아함. 좋은 필적을 버리고 나쁜 필적을 좋아함. 혹은 흔한 것을 멀리하고 언제나 새롭고 진귀한 것을 중히 여김
8	可高可下 가고가하	높아도 가(可)하고 낮아도 가(可)하다는 뜻으로, 인자(仁者)는 벼슬이 높아도 거만(倨慢)하지 않고 낮아도 두려워하지 않음으로써 직위의 고하를 가리지 않음
9	可考文籍 가고문적	참고될 만한 문서
10	可恐可笑 가공가소	두렵기도 하고 우스꽝스럽기도 함
11	架空妄想 가공망상	터무니없는 망령(妄靈)된 생각
12	可聞說話 가문설화	들을 만한 옛 이야기

13	葭莩之親 가부지친	갈대의 줄기에 붙어 있는 갈대청같이 엷게 붙어 있는 친척(親戚)이라는 뜻으로, 먼 촌수(寸數)의 인척(姻戚)
14	家貧落魄 가빈낙탁	집안이 가난하여 혼백(魂魄)이 땅에 떨어진다는 뜻으로, 집안이 가난하여 뜻을 얻지 못하고 실의(失意)에 빠짐
15	家貧親老 가빈친로	집이 가난하고 부모가 늙었을 때는 마음에 들지 않은 벼슬자리라도 얻어서 어버이를 봉양(奉養)해야 한다는 말
16	可使之人 가사지인	쓸 만한 사람, 또는 부릴 만한 사람
17	家常茶飯 가상다반	집에서 먹는 평소의 식사라는 뜻으로, 일상사나 당연지사(當然之事)를 이르는 말
18	苛斂誅求 가렴주구	세금을 가혹하게 거두어들이고, 무리하게 재물을 빼앗음
19	假弄成眞 가롱성진	농담(弄談)이나 실없이 한일이 나중에 진실로 한 것처럼 됨
20	佳人薄命 가인박명	미인은 불행하거나 병약하여 요절하는 일이 많음
21	刻苦勉勵 각고면려	대단히 고생하여 힘써 정성을 들임
22	刻苦精勵 각고정려	몹시 애를 쓰고 정성을 들임
23	刻鵠類鶩 각곡유목	고니를 새기려다 실패해도 집오리와 비슷하게는 된다는 뜻으로, 성현(聖賢)의 글을 배움에 그것을 완전히 다 익히지는 못하더라도 최소한 선인(善人)은 될 수 있다는 말. 또는 학업에 정진하여 어느 정도 성과가 있다는 말
24	刻骨難忘 각골난망	남에게 입은 은혜가 뼈에 새길 만큼 커서 잊히지 아니함
25	角者無齒 각자무치	뿔이 있는 짐승은 이가 없다는 뜻으로, 한 사람이 여러 가지 재주나 복을 다 가질 수 없다는 말
26	却之不恭 각지불공	주는 것을 물리치는 것은 공손하지 못하다는 말

27	刻燭爲詩 각촉위시	촛불이 한 치 타는 동안에 詩(시)를 지음
28	脚下照顧 각하조고	자기의 발 밑을 잘 비추어 돌이켜본다는 뜻으로, 가깝고 친할수록 더욱 조심해야 함을 이르는 말
29	刻畫無鹽 각화무염	아무리 꾸며도 무염(無鹽)이란 뜻으로, 얼굴이 못생긴 여자가 아무리 화장(化粧)을 해도 미인과 비교할 바가 못됨, 즉 비교가 되지 않음을 이르는 말
30	侃侃諤諤 간간악악	간악(侃諤)을 강조하여 이르는 말. 성격이 곧아 거리낌 없이 바른말을 함
31	干卿何事 간경하사	다른 사람의 일에 참견하는 것을 비웃으며 하는 말
32	肝膽相照 간담상조	서로 속마음을 털어놓고 친하게 사귐
33	竿頭之勢 간두지세	대막대기 끝에 선 형세라는 뜻으로, 매우 위태로운 형세를 이르는 말
34	干名犯義 간명범의	명분을 어기고 은혜를 배반하는 짓. 이를테면, 아들이 대역(大逆) 죄인도 아닌 아버지를 고소하는 따위
35	渴而穿井 갈이천정	미리 준비를 하지 않고 있다가 일이 지나간 뒤에는 아무리 서둘러 봐도 아무 소용이 없음
36	甘言利說 감언이설	귀가 솔깃하도록 남의 비위를 맞추거나 이로운 조건을 내세워 꾀는 말
37	甘呑苦吐 감탄고토	달면 삼키고 쓰면 뱉는다는 뜻으로, 자신의 비위에 따라서 사리의 옳고 그름을 판단함을 이르는 말
38	甲男乙女 갑남을녀	갑이란 남자와 을이란 여자라는 뜻으로, 평범한 사람들을 이르는 말
39	甲論乙駁 갑론을박	여러 사람이 서로 자신의 주장을 내세우며 상대편의 주장을 반박함
40	康衢煙月 강구연월	번화한 큰 길거리에서 달빛이 연기에 은은하게 비치는 모습을 나타내는 말로, 태평한 세상의 평화로운 풍경을 이르는 말

41	改過遷善 개과천선	지난날의 잘못이나 허물을 고쳐 올바르고 착하게 됨	
42	去頭截尾 거두절미	머리와 꼬리를 잘라 버림	
43	擧案齊眉 거안제미	밥상을 눈썹과 가지런하도록 공손히 들어 남편 앞에 가지고 간다는 뜻으로, 남편을 깍듯이 공경함을 이르는 말	
44	格物致知 격물치지	실제 사물의 이치를 연구하여 지식을 완전하게 함	
45	隔世之感 격세지감	오래지 않은 동안에 몰라보게 변하여 아주 다른 세상이 된 것 같은 느낌	
46	隔靴搔癢 격화소양	신을 신고 발바닥을 긁는다는 뜻으로, 성에 차지 않거나 철저하지 못한 안타까움을 이르는 말	
47	牽强附會 견강부회	이치에 맞지 않는 말을 억지로 끌어 붙여 자기에게 유리하게 함	
48	見利思義 견리사의	눈앞의 이익을 보면 의리를 먼저 생각함	
49	犬馬之勞 견마지로	개나 말 정도의 하찮은 힘이라는 뜻으로, 윗사람에게 충성을 다하는 자신의 노력을 낮추어 이르는 말	
50	見蚊拔劍 견문발검	모기를 보고 칼을 뺀다는 뜻으로, 사소한 일에 크게 성내어 덤빔을 이르는 말	
51	見物生心 견물생심	어떠한 실물을 보게 되면 그것을 가지고 싶은 욕심이 생김	
52	犬猿之間 견원지간	개와 원숭이의 사이라는 뜻으로, 사이가 매우 나쁜 두 관계를 비유적으로 이르는 말	
53	見危授命 견위수명	나라의 위태로운 지경을 보고 목숨을 바쳐 나라를 위해 싸우는 것을 말함	
54	結者解之 결자해지	맺은 사람이 풀어야 한다는 뜻으로, 자기가 저지른 일은 자기가 해결하여야 함을 이르는 말	
55	結草報恩 결초보은	죽은 뒤에라도 은혜를 잊지 않고 갚음을 이르는 말	

56	謙讓之德 겸양지덕	겸손한 태도로 남에게 양보하거나 사양하는 아름다운 마음씨나 행동
57	傾國之色 경국지색	임금이 혹하여 나라가 기울어져도 모를 정도의 미인이라는 뜻으로, 뛰어나게 아름다운 미인을 이르는 말
58	敬老孝親 경로효친	늙은이를 공경하고 어버이에게 효도함
59	敬而遠之 경이원지	공경하되 가까이하지는 않음
60	鷄犬相聞 계견상문	닭 우는 소리와 개가 짖는 소리가 여기저기에서 들린다하여, 인가(人家)가 잇대어 있음을 이르는 말
61	鷄犬昇天 계견승천	다른 사람의 권세(權勢)에 빌붙어 승진하는 것을 이르는 말
62	繫頸以組 계경이조	갓이나 머리에 매는 끈을 목에 맴. 또는 목을 매어 죽여 달라는 말로 항복(降伏)한다는 뜻
63	繼繼承承 계계승승	대대(代代)로 이어받아 내려옴. 또는 자손(子孫) 대대(代代)로 이어감
64	稽古之力 계고지력	학문(學問)이 넓고 지식(知識)이 많음
65	鷄口牛後 계구우후	닭의 주둥이와 소의 꼬리라는 뜻으로, 큰 단체의 꼴찌보다는 작은 단체의 우두머리가 되는 것이 오히려 나음을 이르는 말
66	鷄卵有骨 계란유골	달걀에도 뼈가 있다는 뜻으로, 운수가 나쁜 사람은 모처럼 좋은 기회를 만나도 역시 일이 잘 안됨을 이르는 말
67	鷄鳴狗盜 계명구도	비굴하게 남을 속이는 하찮은 재주 또는 그런 재주를 가진 사람을 이르는 말
68	孤苦伶仃 고고영정	가난하게 되어 남의 도움 없이 고생함
69	顧曲周郎 고곡주랑	음악을 잘못 연주하면 주랑(周郎)이 곧 알아차리고 돌아본다는 뜻으로, 음악에 조예(造詣)가 깊은 사람을 가리키는 말
70	高冠廣帶 고관광대	높은 갓과 넓은 띠라는 뜻으로, 신분에 걸맞지 아니한 의관 차림을 이르는 말

71	高官大爵 고관대작	지위(地位)가 높은 큰 벼슬자리. 또는 그 직위에 있는 사람
72	高冠陪輦 고관배련	높은 관을 쓰고 연을 모시니 제후(諸侯)의 예로 대접함
73	股肱之臣 고굉지신	다리와 팔같이 중요한 신하라는 뜻으로, 임금이 가장 신임하는 신하를 이르는 말
74	孤軍奮鬪 고군분투	남의 도움을 받지 아니하고 힘에 벅찬 일을 잘해 나가는 것을 비유적으로 이르는 말
75	孤立無援 고립무원	고립되어 구원을 받을 데가 없음
76	鼓腹擊壤 고복격양	태평한 세월을 즐김을 이르는 말
77	姑息之計 고식지계	우선 당장 편한 것만을 택하는 꾀나 방법
78	苦肉之策 고육지책	자기 몸을 상해 가면서까지 꾸며 내는 계책이라는 뜻으로, 어려운 상태를 벗어나기 위해 어쩔 수 없이 꾸며 내는 계책을 이르는 말
79	孤掌難鳴 고장난명	외손뼉만으로는 소리가 울리지 아니한다는 뜻으로, 혼자의 힘만으로 어떤 일을 이루기 어려움을 이르는 말
80	苦盡甘來 고진감래	쓴 것이 다하면 단 것이 온다는 뜻으로, 고생 끝에 즐거움이 옴을 이르는 말
81	骨肉相爭 골육상쟁	가까운 혈족끼리 서로 싸움
82	公明正大 공명정대	하는 일이나 태도가 사사로움이나 그릇됨이 없이 아주 정당하고 떳떳함
83	空中樓閣 공중누각	공중에 떠 있는 누각이라는 뜻으로, 아무런 근거나 토대가 없는 사물이나 생각을 비유적으로 이르는 말
84	過猶不及 과유불급	정도를 지나침은 미치지 못함과 같다는 뜻으로, 중용이 중요함을 이르는 말
85	瓜田李下 과전이하	오이밭에서 신을 고쳐 신지 말고 자두나무 밑에서 갓을 고쳐 쓰지 말라는 뜻으로, 의심받기 쉬운 행동은 피하는 것이 좋음을 이르는 말

86	管鮑之交 관포지교	관중과 포숙의 사귐이란 뜻으로, 우정이 아주 돈독한 친구 관계를 이르는 말
87	刮目相對 괄목상대	눈을 비비고 상대편을 본다는 뜻으로, 남의 학식이나 재주가 놀랄 만큼 부쩍 늚을 이르는 말
88	矯角殺牛 교각살우	소의 뿔을 바로잡으려다가 소를 죽인다는 뜻으로, 잘못된 점을 고치려다가 그 방법이나 정도가 지나쳐 오히려 일을 그르침을 이르는 말
89	巧言令色 교언영색	아첨하는 말과 알랑거리는 태도
90	膠柱鼓瑟 교주고슬	아교풀로 비파나 거문고의 기러기발을 붙여 놓으면 음조를 바꿀 수 없다는 뜻으로, 고지식하여 조금도 융통성이 없음을 이르는 말
91	敎學相長 교학상장	사람에게 가르쳐 주거나 스승에게 배우거나 모두 자신의 학업을 증진시킴
92	狗尾續貂 구미속초	담비 꼬리가 모자라 개의 꼬리로 잇는다는 뜻으로, 벼슬을 함부로 줌을 비유적으로 이르는 말
93	口蜜腹劍 구밀복검	입에는 꿀이 있고 배 속에는 칼이 있다는 뜻으로, 말로는 친한 듯하나 속으로는 해칠 생각이 있음을 이르는 말
94	九死一生 구사일생	아홉 번 죽을 뻔하다 한 번 살아난다는 뜻으로, 죽을 고비를 여러 차례 넘기고 겨우 살아남을 이르는 말
95	口尙乳臭 구상유취	입에서 아직 젖내가 난다는 뜻으로, 말이나 행동이 유치함을 이르는 말
96	九牛一毛 구우일모	아홉 마리의 소 가운데 박힌 하나의 털이란 뜻으로, 매우 많은 것 가운데 극히 적은 수를 이르는 말
97	九折羊腸 구절양장	아홉 번 꼬부라진 양의 창자라는 뜻으로, 꼬불꼬불하며 험한 산길을 이르는 말
98	群鷄一鶴 군계일학	닭의 무리 가운데에서 한 마리의 학이란 뜻으로, 많은 사람 가운데서 뛰어난 인물을 이르는 말
99	群盲評象 군맹평상	맹인(盲人) 여럿이 코끼리를 만진다는 뜻으로, 사물을 좁은 소견과 주관으로 잘못 판단함을 이르는 말
100	群雄割據 군웅할거	여러 영웅이 각기 한 지방씩 차지하고 위세를 부림

101	窮餘之策 궁여지책	궁한 나머지 생각다 못하여 짜낸 계책
102	權謀術數 권모술수	목적 달성을 위하여 수단과 방법을 가리지 아니하는 온갖 모략이나 술책
103	權不十年 권불십년	권세는 십 년을 가지 못한다는 뜻으로, 아무리 높은 권세라도 오래가지 못함을 이르는 말
104	勸善懲惡 권선징악	착한 일을 권장하고 악한 일을 징계함
105	捲土重來 권토중래	땅을 말아 일으킬 것 같은 기세로 다시 온다는 뜻으로, 한 번 실패하였으나 힘을 회복하여 다시 쳐들어옴을 이르는 말
106	橘化爲枳 귤화위지	회남의 귤을 회북에 옮겨 심으면 탱자가 된다는 뜻으로, 환경에 따라 사람이나 사물의 성질이 변함을 이르는 말
107	克己復禮 극기복례	자기의 욕심을 누르고 예의범절을 따름
108	近墨者黑 근묵자흑	먹을 가까이하는 사람은 검어진다는 뜻으로, 나쁜 사람과 가까이 지내면 나쁜 버릇에 물들기 쉬움을 비유적으로 이르는 말
109	金科玉條 금과옥조	금이나 옥처럼 귀중히 여겨 꼭 지켜야 할 법칙이나 규정
110	金蘭之交 금란지교	친구 사이의 매우 두터운 정을 이르는 말
111	錦上添花 금상첨화	비단 위에 꽃을 더한다는 뜻으로, 좋은 일 위에 또 좋은 일이 더하여짐을 비유적으로 이르는 말
112	金石盟約 금석맹약	쇠나 돌처럼 굳고 변함없는 약속
113	錦繡江山 금수강산	비단에 수를 놓은 것처럼 아름다운 산천이라는 뜻으로, 우리나라의 산천을 비유적으로 이르는 말
114	今時初聞 금시초문	바로 지금 처음으로 들음
115	錦衣夜行 금의야행	비단옷을 입고 밤길을 다닌다는 뜻으로, 자랑삼아 하지 않으면 생색이 나지 않음을 이르는 말

116	錦衣還鄉 금의환향	비단옷을 입고 고향에 돌아온다는 뜻으로, 출세를 하여 고향에 돌아가거나 돌아옴을 비유적으로 이르는 말
117	金子塔 금자탑	길이 후세에 남을 뛰어난 업적을 비유적으로 이르는 말
118	金枝玉葉 금지옥엽	금으로 된 가지와 옥으로 된 잎이라는 뜻으로, 임금의 가족을 높여 이르는 말
119	己飢己溺 기기기익	자기가 굶주리고 자기가 물에 빠진 듯이 생각한다는 뜻으로, 다른 사람의 고통을 자기의 고통으로 여겨 그들의 고통을 덜어주기 위해 최선을 다함
120	氣高萬丈 기고만장	펄펄 뛸 만큼 대단히 성이 남
121	奇想天外 기상천외	착상이나 생각 따위가 쉽게 짐작할 수 없을 정도로 기발하고 엉뚱함
122	掎角之勢 기각지세	(달아나는 사슴을 잡을 때, 뒷발을 잡고, 뿔을 잡는다는 뜻으로)앞뒤에서 적을 몰아칠 수 있는 양면 작전의 형세를 비유하는 말. 또는 두 영웅이 할거하여 서로 세력을 다투는 형세
123	豈敢毁傷 기감훼상	부모께서 낳아 길러 주신 이 몸을 어찌 감히 훼상(毁傷)할 수 없음
124	氣蓋關中 기개관중	의기가 관중을 압도한다는 뜻으로, 의기왕성함을 이르는 말
125	機械之心 기계지심	책략을 꾸미는 마음
126	氣高萬丈 기고만장	기운이 만장이나 뻗치었다는 뜻으로, 펄펄 뛸 만큼 크게 성이 난 것을 뜻하거나, 또는 일이 뜻대로 되어 나가 씩씩한 기운이 대단하게 뻗침
127	奇怪罔測 기괴망측	너무 기괴(奇怪)하여 말할 수 없음
128	奇怪千萬 기괴천만	기괴(奇怪)하기 짝이 없음
129	箕裘之業 기구지업	키와 갑옷이라는 뜻으로, 선대로부터 내려오는 사업을 이르는 말. 선대의 업을 완전히 이어받음

130	己飢己溺 기기기익	「자기가 굶주리고 자기가 물에 빠진 듯이 생각한다」는 뜻으로, 다른 사람의 고통을 자기의 고통으로 여겨 그들의 고통을 덜어주기 위해 최선을 다함
131	奇奇妙妙 기기묘묘	몹시 기묘(奇妙)함
132	奇男淑女 기남숙녀	재주와 슬기가 남달리 뛰어난 남자와 교양과 품격을 갖춘 여자
133	騎驢覓驢 기려멱려	나귀를 타고 나귀를 찾아다닌다는 뜻으로, 가까이에 있는 것을 도리어 먼 데서 구하는 어리석음을 비유해 이르는 말
134	氣盡脈盡 기진맥진	기운이 다하고 맥이 다 빠져 스스로 가누지 못할 지경이 됨
135	騎虎之勢 기호지세	호랑이를 타고 달리는 형세라는 뜻으로, 이미 시작한 일을 중도에서 그만둘 수 없는 경우를 비유적으로 이르는 말
136	洛陽紙貴 낙양지귀	문장이나 저서가 호평을 받아 잘 팔림을 이르는 말
137	落張不入 낙장불입	화투·투전·트럼프 따위를 할 때에, 판에 한번 내어놓은 패는 물리기 위하여 다시 집어 들이지 못함
138	難攻不落 난공불락	공격하기가 어려워 쉽사리 함락되지 아니함
139	難兄難弟 난형난제	누구를 형이라 하고 누구를 아우라 하기 어렵다는 뜻으로, 두 사물이 비슷하여 낫고 못함을 정하기 어려움을 이르는 말
140	南男北女 남남북녀	우리나라에서, 남자는 남쪽 지방 사람이 잘나고 여자는 북쪽 지방 사람이 고움을 이르는 말
141	男負女戴 남부여대	남자는 지고 여자는 인다는 뜻으로, 가난한 사람들이 살 곳을 찾아 이리저리 떠돌아다님을 비유적으로 이르는 말
142	囊中之錐 낭중지추	주머니 속의 송곳이라는 뜻으로, 재능이 뛰어난 사람은 숨어 있어도 저절로 사람들에게 알려짐을 이르는 말
143	內憂外患 내우외환	나라 안팎의 여러 가지 어려움

144	內助之功 내조지공	안에서 돕는 공이란 뜻으로, 아내가 집안 일을 잘 다스려 남편을 돕는 일을 말함
145	怒甲乙移 노갑을이	갑에게 당한 노염을 을에게 옮긴다는 뜻으로, 어떤 사람에게서 당한 노염을 전혀 관계없는 딴사람에게 화풀이함을 이르는 말
146	露結爲霜 노결위상	이슬이 맺어 서리가 되니, 밤기운이 풀잎에 물방울처럼 이슬을 이룸
147	勞謙謹勅 노겸근칙	근로하고 겸손하며 삼가고 신칙하면 중용의 도에 이름
148	老馬之智 노마지지	저마다 한 가지 재주는 지녔다는 말
149	勞心焦思 노심초사	몹시 마음을 쓰며 애를 태움
150	弄瓦之慶 농와지경	딸을 낳은 즐거움. 중국에서 딸을 낳으면 흙으로 만든 실패를 장난감으로 주었다는 데서 유래
151	弄璋之慶 농장지경	아들을 낳은 즐거움. 예전에, 중국에서 아들을 낳으면 규옥(圭玉)으로 된 구슬의 덕을 본받으라는 뜻으로 구슬을 장난감으로 주었다는 데서 유래
152	累巨萬金 누거만금	굉장히 많은 돈
153	屢見不鮮 누견불선	자주 대하니 신선함이 없다는 뜻으로, 너무 자주 보아 전혀 새롭지 않음
154	樓觀飛驚 누관비경	궁전 가운데 있는 물견대(物見臺)는 높아서 올라가면 나는 듯하여 놀람
155	累卵之危 누란지위	층층이 쌓아 놓은 알의 위태로움이라는 뜻으로, 몹시 아슬아슬한 위기를 비유적으로 이르는 말
156	能小能大 능소능대	모든 일에 두루 능함
157	多岐亡羊 다기망양	갈림길이 많아 잃어버린 양을 찾지 못한다는 뜻으로, 두루 섭렵하기만 하고 전공하는 바가 없어 끝내 성취하지 못함을 이르는 말

158	多難興邦 다난흥방	많은 어려운 일을 겪고서야 나라를 일으킨다는 뜻에서, 어려움을 극복하고 여러모로 노력해야 큰 일을 이룰 수 있다는 말
159	多男多懼 다남다구	아들을 많이 두면 여러 가지로 두려움과 근심 걱정이 많음
160	多能鄙事 다능비사	낮고 속된 일에 재능이 많음을 이르는 말
161	多多益善 다다익선	많으면 많을수록 더욱 좋음. 중국 한(漢)나라의 장수 한신이 고조(高祖)와 장수의 역량에 대하여 얘기할 때, 고조는 10만 정도의 병사를 지휘할 수 있는 그릇이지만, 자신은 병사의 수가 많을수록 잘 지휘할 수 있다고 한 말에서 유래
162	多事多難 다사다난	여러 가지 일도 많고 어려움이나 탈도 많음
163	斷金之交 단금지교	쇠라도 자를 만큼 강한 교분이라는 뜻으로, 매우 두터운 우정을 이르는 말
164	單刀直入 단도직입	혼자서 칼 한 자루를 들고 적진으로 곧장 쳐들어간다는 뜻으로, 여러 말을 늘어놓지 아니하고 바로 요점이나 본문제를 중심적으로 말함을 이르는 말
165	簞食瓢飲 단사표음	대나무로 만든 밥그릇에 담은 밥과 표주박에 든 물이라는 뜻으로, 청빈하고 소박한 생활을 이르는 말
166	丹脣皓齒 단순호치	붉은 입술과 하얀 치아라는 뜻으로, 아름다운 여자를 이르는 말
167	堂狗風月 당구풍월	서당에서 기르는 개가 풍월을 읊는다는 뜻으로, 그 분야에 대하여 경험과 지식이 전혀 없는 사람이라도 오래 있으면 얼마간의 경험과 지식을 가짐을 이르는 말
168	螳螂拒轍 당랑거철	제 역량을 생각하지 않고, 강한 상대나 되지 않을 일에 덤벼드는 무모한 행동거지를 비유적으로 이르는 말
169	大驚失色 대경실색	몹시 놀라 얼굴빛이 하얗게 질림
170	大器晚成 대기만성	큰 그릇을 만드는 데는 시간이 오래 걸린다는 뜻으로, 크게 될 사람은 늦게 이루어짐을 이르는 말

171	大同小異 대동소이	큰 차이 없이 거의 같음
172	度外視 도외시	상관하지 아니하거나 무시함
173	道聽塗說 도청도설	길에서 듣고 길에서 말한다는 뜻으로, 길거리에 퍼져 돌아다니는 뜬소문을 이르는 말
174	塗炭之苦 도탄지고	진구렁에 빠지고 숯불에 타는 괴로움을 이르는 말
175	獨不將軍 독불장군	무슨 일이든 자기 생각대로 혼자서 처리하는 사람
176	讀書三昧 독서삼매	다른 생각은 전혀 아니 하고 오직 책 읽기에만 골몰하는 경지
177	同價紅裳 동가홍상	같은 값이면 다홍치마라는 뜻으로, 같은 값이면 좋은 물건을 가짐을 이르는 말
178	讀書三餘 독서삼여	책을 읽기에 적당한 세 가지 한가한 때. 겨울, 밤, 비가 올 때를 이름
179	同苦同樂 동고동락	괴로움도 즐거움도 함께함
180	棟梁之材 동량지재	기둥과 들보로 쓸 만한 재목이라는 뜻으로, 한 집안이나 한 나라를 떠받치는 중대한 일을 맡을 만한 인재를 이르는 말
181	同名異人 동명이인	같은 이름을 가진 서로 다른 사람
182	東問西答 동문서답	물음과는 전혀 상관없는 엉뚱한 대답
183	同病相憐 동병상련	같은 병을 앓는 사람끼리 서로 가엾게 여긴다는 뜻으로, 어려운 처지에 있는 사람끼리 서로 가엾게 여김을 이르는 말
184	東奔西走 동분서주	동쪽으로 뛰고 서쪽으로 뛴다는 뜻으로, 사방으로 이리저리 몹시 바쁘게 돌아다님을 이르는 말
185	凍氷寒雪 동빙한설	얼어붙은 얼음과 차가운 눈이라는 뜻으로, 심한 추위를 이르는 말

186	同床異夢 동상이몽	같은 자리에 자면서 다른 꿈을 꾼다는 뜻으로, 겉으로는 같이 행동하면서도 속으로는 각각 딴생각을 하고 있음을 이르는 말	
187	東西古今 동서고금	동양과 서양, 옛날과 지금을 통틀어 이르는 말	
188	凍足放尿 동족방뇨	언 발에 오줌 누기라는 뜻으로, 잠시 동안만 효력이 있을 뿐 효력이 바로 사라짐을 비유적으로 이르는 말	
189	杜藁鐘隷 두고종례	초서(草書)를 처음으로 쓴 두고(杜藁)와 예서(隷書)를 쓴 종례(鐘隷)의 글로 비치되어 있음	
190	斗南一人 두남일인	두남(斗南)의 한 사람이라는 뜻으로, 온 천하에서 제일가는 현인	
191	頭東尾西 두동미서	제사의 제물을 진설(陳設)할 때, 생선의 머리는 동쪽을 향하고 꼬리는 서쪽을 향하게 놓음	
192	頭童齒闊 두동치활	머리가 벗어지고, 이가 빠져 사이가 벌어진다는 뜻으로, 늙은이의 얼굴 모양	
193	杜門不出 두문불출	문을 닫고 나가지 않는다는 뜻으로, 집에만 틀어박혀 사회의 일이나 관직(官職)에 나아가지 않음을 이르는 말	
194	杜門不出 두문불출	집에서 은거하면서 관직에 나가지 아니하거나 사회의 일을 하지 아니함을 비유적으로 이르는 말	
195	得隴望蜀 득롱망촉	농(隴)을 얻고서 촉(蜀)까지 취하고자 한다는 뜻으로, 만족할 줄을 모르고 계속 욕심을 부리는 경우를 비유적으로 이르는 말	
196	頭寒足熱 두한족열	머리는 차게, 발은 따뜻하게 하면 건강)에 좋음을 이르는 말	
197	得意揚揚 득의양양	뜻한 바를 이루어 우쭐거리며 뽐냄	
198	登高自卑 등고자비	높은 곳에 오르려면 낮은 곳에서부터 오른다는 뜻으로, 일을 순서대로 하여야 함을 이르는 말	
199	燈下不明 등하불명	등잔 밑이 어둡다는 뜻으로, 가까이에 있는 물건이나 사람을 잘 찾지 못함을 이르는 말	
200	燈火可親 등화가친	등불을 가까이할 만하다는 뜻으로, 서늘한 가을밤은 등불을 가까이 하여 글 읽기에 좋음을 이르는 말	

201	磨斧作針 마부작침	도끼를 갈아 바늘을 만든다는 뜻으로, 아무리 어려운 일이라도 끈기 있게 노력하면 이룰 수 있음을 비유하는 말
202	馬耳東風 마이동풍	동풍이 말의 귀를 스쳐 간다는 뜻으로, 남의 말을 귀담아듣지 아니하고 지나쳐 흘려버림을 이르는 말
203	麻中之蓬 마중지봉	삼밭 속의 쑥이라는 뜻으로, 곧은 삼밭 속에서 자란 쑥은 곧게 자라게 되는 것처럼 선한 사람과 사귀면 그 감화를 받아 자연히 선해짐을 비유적으로 이르는 말
204	莫上莫下 막상막하	더 낫고 더 못함의 차이가 거의 없음
205	莫逆之友 막역지우	서로 거스름이 없는 친구라는 뜻으로, 허물이 없이 아주 친한 친구를 이르는 말.
206	萬頃蒼波 만경창파	만 이랑의 푸른 물결이라는 뜻으로, 한없이 넓고 넓은 바다를 이르는 말
207	萬古江山 만고강산	아주 오랜 세월 동안 변함이 없는 산천
208	萬事亨通 만사형통	모든 것이 뜻대로 잘됨
209	萬壽無疆 만수무강	아무런 탈 없이 아주 오래 삶
210	滿身瘡痍 만신창이	온몸이 상처투성이가 됨
211	亡羊補牢 망양보뢰	양을 잃고 우리를 고친다는 뜻으로, 이미 어떤 일을 실패한 뒤에 뉘우쳐도 아무 소용이 없음을 이르는 말.
212	茫然自失 망연자실	멍하니 정신을 잃음
213	望雲之情 망운지정	자식이 객지에서 고향에 계신 어버이를 생각하는 마음
214	麥秀之嘆 맥수지탄	고국의 멸망을 한탄함을 이르는 말

215	孟母斷機 맹모단기	맹자가 학업을 중도에 폐지하고 돌아왔을 때, 그 어머니가 짜던 베를 칼로 끊어 학업의 중단을 훈계하였다는 고사(故事)에서 나온 말
216	孟母三遷 맹모삼천	(맹자가 어렸을 때 묘지 가까이 살았더니 장사 지내는 흉내를 내기에, 맹자 어머니가 집을 시전 근처로 옮겼더니 이번에는 물건 파는 흉내를 내므로, 다시 글방이 있는 곳으로 옮겨 공부를 시켰다는 것으로, 맹자의 어머니가 아들을 가르치기 위하여 세 번이나 이사를 하였음을 이르는 말
217	面看交代 면간교대	서로 한 자리에서 마주보고 사무를 인계함
218	免官懲戒 면관징계	벼슬자리를 물러나도록 하는 징계
219	勉其祗植 면기지식	착한 것으로 자손에 줄 것을 힘써야 좋은 가정을 이룰 것임
220	綿裏藏針 면리장침	솜 속에 바늘을 감추어 꽂는다는 뜻으로, 겉으로는 부드러운 듯 하나 속으로는 아주 흉악함을 이름
221	面從腹背 면종복배	겉으로는 복종하는 체하면서 내심으로는 배반함
222	明鏡止水 명경지수	맑은 거울과 고요한 물
223	名實相符 명실상부	이름과 실상이 서로 꼭 맞음
224	明若觀火 명약관화	불을 보듯 분명하고 뻔함
225	毛遂自薦 모수자천	자기가 자기를 추천함. 중국 춘추 전국 시대에 조나라 평원군이 초나라에 구원을 청하기 위하여 사신을 물색할 때에 모수가 스스로를 추천하였다는 데서 유래
226	目不識丁 목불식정	아주 간단한 글자인 '丁' 자를 보고도 그것이 '고무래'인 줄을 알지 못한다는 뜻으로, 아주 까막눈임을 이르는 말
227	猫項懸鈴 묘항현령	쥐가 고양이 목에 방울을 단다는 뜻으로, 실행할 수 없는 헛된 논의를 이르는 말

228	武陵桃源 무릉도원	도연명의 에 나오는 말로, 이상향, 별천지를 비유적으로 이르는 말
229	無病長壽 무병장수	병 없이 건강하게 오래 삶
230	巫山之夢 무산지몽	무산(巫山)의 꿈이라는 뜻으로, 남녀의 정교(情交)를 이르는 말
231	無爲徒食 무위도식	하는 일 없이 놀고먹음
232	刎頸之交 문경지교	서로를 위해서라면 목이 잘린다 해도 후회하지 않을 정도의 사이라는 뜻으로, 생사를 같이할 수 있는 아주 가까운 사이
233	文墨從事 문묵종사	글과 글씨로 일을 삼음
234	文房四友 문방사우	종이, 붓, 먹, 벼루의 네 가지 문방구
235	文宣王廟 문선왕묘	문선왕(文宣王), 곧 공자(孔子)를 모신 묘란 뜻으로, 문묘(文廟)를 달리 일컫는 말
236	聞一知十 문일지십	하나를 듣고 열 가지를 미루어 안다는 뜻으로, 지극히 총명함을 이르는 말
237	門前成市 문전성시	찾아오는 사람이 많아 집 문 앞이 시장을 이루다시피 함을 이르는 말
238	文化變容 문화변용	둘 이상의 서로 다른 문화가 직접 접촉함으로써 그 한쪽 또는 양쪽이 원래의 문화형태에 변화를 일으키는 현상
239	勿失好機 물실호기	좋은 기회를 놓치지 아니함
240	彌縫策 미봉책	눈가림만 하는 일시적인 계책
241	尾生之信 미생지신	우직하여 융통성이 없이 약속만을 굳게 지킴을 비유적으로 이르는 말
242	婆羅門行 바라문행	승려의 거칠고 건방진 행동

243	博古知今 박고지금	널리 옛일을 알면 오늘날의 일도 알게 됨
244	博覽强記 박람강기	여러 가지의 책을 널리 많이 읽고 기억을 잘함
245	博而不精 박이부정	널리 알지만 정밀하지는 못함
246	博學多識 박학다식	학식이 넓고 아는 것이 많음
247	半面之分 반면지분	얼굴만 약간 알 정도의, 교분이 두텁지 못한 사이
248	班衣之戱 반의지희	늙어서 효도함을 이르는 말. 중국 초나라의 노래자가 일흔 살에 늙은 부모님을 위로하려고 색동저고리를 입고 어린이처럼 기어 다녀 보였다는 데서 유래
249	反哺之孝 반포지효	까마귀 새끼가 자라서 늙은 어미에게 먹이를 물어다 주는 효(孝)라는 뜻으로, 자식이 자란 후에 어버이의 은혜를 갚는 효성을 이르는 말
250	拔本塞源 발본색원	좋지 않은 일의 근본 원인이 되는 요소를 완전히 없애 버려서 다시는 그러한 일이 생길 수 없도록 함
251	傍若無人 방약무인	곁에 사람이 없는 것처럼 아무 거리낌 없이 함부로 말하고 행동하는 태도가 있음
252	蚌鷸之爭 방휼지쟁	도요새가 조개와 다투다가 다 같이 어부에게 잡히고 말았다는 뜻으로, 대립하는 두 세력이 다투다가 결국은 구경하는 다른 사람에게 득을 주는 싸움을 비유적으로 이르는 말
253	背恩忘德 배은망덕	남에게 입은 은덕을 저버리고 배신하는 태도가 있음
254	白骨難忘 백골난망	죽어서 백골이 되어도 잊을 수 없다는 뜻으로, 남에게 큰 은덕을 입었을 때 고마움의 뜻으로 이르는 말
255	百年大計 백년대계	먼 앞날까지 미리 내다보고 세우는 크고 중요한 계획
256	百年河淸 백년하청	중국의 황허강(黃河江)이 늘 흐려 맑을 때가 없다는 뜻으로, 아무리 오랜 시일이 지나도 어떤 일이 이루어지기 어려움을 이르는 말

257	百年偕老 백년해로	부부가 되어 한평생을 사이좋게 지내고 즐겁게 함께 늙음
258	白面書生 백면서생	한갓 글만 읽고 세상일에는 전혀 경험이 없는 사람
259	百發百中 백발백중	백 번 쏘아 백 번 맞힌다는 뜻으로, 총이나 활 따위를 쏠 때마다 겨눈 곳에 다 맞음을 이르는 말
260	百戰老將 백전노장	수많은 싸움을 치른 노련한 장수
261	百尺竿頭 백척간두	백 자나 되는 높은 장대 위에 올라섰다는 뜻으로, 몹시 어렵고 위태로운 지경을 이르는 말
262	百害無益 백해무익	해롭기만 하고 하나도 이로운 바가 없음
263	繁文縟禮 번문욕례	문(文)도 번거롭고 예(禮)도 번거롭다는 뜻으로, 규칙, 예절, 절차 따위가 번거롭고 까다로움
264	翻身上馬 번신상마	날쌔게 말에 올라 탐
265	幡然開悟 번연개오	모르던 것을 문득 깨달음
266	翻雲覆雨 번운복우	손바닥을 위로 향하면 구름이 일고, 아래로 향하면 비가 내린다는 뜻으로, 손바닥을 뒤집듯이 인정이 변하기 쉬움을 비유해 이르는 말
267	繁音促節 번음촉절	가락이 번잡(煩雜)하고 장단(長短)이 빠름을 이르는 말
268	伐性傷恩 벌성상은	인간의 본성을 그르치고, 은애의 정을 손상함
269	伐性之斧 벌성지부	천부(天賦)의 양심을 끊는 도끼라는 뜻으로, 사람의 마음을 탐하게 하여 성명(性命)을 잃게 하는 것. 즉 여색과 요행을 이르는 말
270	伐齊爲名 벌제위명	제(齊)나라를 공격하나 이름만 있다는 뜻으로, 어떠한 일을 하는 체 하면서 사실은 다른 일을 함
271	伐罪弔民 벌제위명	죄 있는 자를 벌하고, 백성을 위문함

272	凡聖不二 범성불이	범인과 성인의 구별은 있지만, 본성은 일체평등하다는 말
273	凡樹常草 범수상초	흔히 볼 수 있는 보통의 나무나 풀
274	凡胎肉身 범태육신	사람의 몸에서 태어난 범인의 몸
275	法家拂士 법가필사	법도(法度)로써 임금을 바로잡는 세신(世臣)과 이해득실로써 임금을 보필하는 현사(賢士)
276	法界悋氣 법계인기	자기에게 직접 관계없는 일로 남을 질투하는 일. 특히 남의 사랑을 시샘하여 질투하는 것을 두고 이르는 말
277	法古創新 법고창신	옛것을 본받아 새로운 것을 창조한다는 뜻으로, 옛것에 토대를 두되 그것을 변화시킬 줄 알고 새 것을 만들어 가되 근본(根本)을 잃지 않아야 한다는 뜻
278	法久弊生 법구폐생	좋은 법도 오랜 세월이 지나면 폐단이 생김
279	法約三章 법약삼장	한(漢)나라 고조(高祖)가 진(秦)의 가혹한 법을 고쳐 세 조문(條文)으로 줄인 일
280	法語之言 법어지언	올바른 말로 사람들을 가르치는 일
281	兵家常事 병가상사	군사 전문가도 전쟁에서 이기고 지는 일은 흔히 있는 일임을 이르는 말
282	富貴榮華 부귀영화	재산이 많고 지위가 높으며 귀하게 되어서 세상에 드러나 온갖 영광을 누림
283	父傳子傳 부전자전	아들의 성격이나 생활 습관 따위가 아버지로부터 대물림된 것처럼 같거나 비슷함
284	釜中之魚 부중지어	부중지어(釜中之魚)삶아지는 것도 모르고 솥 안에서 헤엄치고 노닐고 있는 물고기를 뜻함
285	夫唱婦隨 부창부수	남편이 주장하고 아내가 이에 잘 따름, 또는 부부 사이의 그런 도리

286	附和雷同 부화뇌동	줏대 없이 남의 의견에 따라 움직임
287	北窓三友 북창삼우	거문고, 술, 시(詩)를 아울러 이르는 말
288	粉骨碎身 분골쇄신	뼈를 가루로 만들고 몸을 부순다는 뜻으로, 정성으로 노력함을 이르는 말
289	不俱戴天 불구대천	하늘을 함께 이지 못한다는 뜻으로, 이 세상에서 같이 살 수 없을 만큼 큰 원한을 가짐을 비유적으로 이르는 말
290	不可思議 불가사의	사람의 생각으로는 미루어 헤아릴 수 없이 이상하고 야릇함
291	不立文字 불립문자	불도의 깨달음은 마음에서 마음으로 전하는 것이므로 말이나 글에 의지하지 않는다는 말
292	不問可知 불문가지	묻지 아니하여도 알 수 있음
293	不恥下問 불치하문	손아랫사람이나 지위나 학식이 자기만 못한 사람에게 모르는 것을 묻는 일을 부끄러워하지 아니함
294	非夢似夢 비몽사몽	완전히 잠이 들지도 잠에서 깨어나지도 않은 어렴풋한 상태
295	髀肉之嘆 비육지탄	재능을 발휘할 때를 얻지 못하여 헛되이 세월만 보내는 것을 한탄함을 이르는 말
296	非一非再 비일비재	같은 현상이나 일이 한두 번이나 한둘이 아니고 많음
297	貧賤之交 빈천지교	가난하고 천할 때 사귄 사이
298	氷姿玉質 빙자옥질	얼음같이 맑고 깨끗한 살결과 구슬같이 아름다운 자질
299	氷炭之間 빙탄지간	둘이 서로 어긋나 맞지 않는 사이
300	捨家棄欲 사가기욕	집이나 세속적인 욕망을 버리고 불문에 들어감

301	徙家忘妻 사가망처	이사하면서 아내를 잊어버린다는 뜻으로, 건망증이 심한 사람이나 의리를 분별하지 못하는 어리석은 사람을 비유해 이르는 말
302	四顧無親 사고무친	의지할 만한 사람이 아무도 없음
303	士農工商 사농공상	예전에, 백성을 나누던 네 가지 계급. 선비, 농부, 공장, 상인을 이르던 말
304	四面楚歌 사면초가	아무에게도 도움을 받지 못하는, 외롭고 곤란한 지경에 빠진 형편을 이르는 말
305	事事件件 사사건건	해당되는 모든 일 또는 온갖 사건
306	砂上樓閣 사상누각	모래 위에 세운 누각이라는 뜻으로, 기초가 튼튼하지 못하여 오래 견디지 못할 일이나 물건을 이르는 말
307	捨生取義 사생취의	목숨을 버리고 의를 좇는다는 뜻으로, 목숨을 버릴지언정 옳은 일을 함을 이르는 말
308	事必歸正 사필귀정	모든 일은 반드시 바른길로 돌아감
309	山戰水戰 산전수전	산에서도 싸우고 물에서도 싸웠다는 뜻으로, 세상의 온갖 고생과 어려움을 다 겪었음을 이르는 말
310	山海珍味 산해진미	산과 바다에서 나는 온갖 진귀한 물건으로 차린, 맛이 좋은 음식
311	殺身成仁 살신성인	자기의 몸을 희생하여 인(仁)을 이룸. 논어에 나오는 말
312	三顧草廬 삼고초려	인재를 맞아들이기 위하여 참을성 있게 노력함. 중국 삼국 시대에, 촉한의 유비가 난양(南陽)에 은거하고 있던 제갈량의 초옥으로 세 번이나 찾아갔다는 데서 유래
313	森羅萬象 삼라만상	우주에 있는 온갖 사물과 현상
314	三十六計 삼십육계	물주가 맞힌 사람에게 살돈의 서른여섯 배를 주는 노름

315	三人成虎 삼인성호	세 사람이 짜면 거리에 범이 나왔다는 거짓말도 꾸밀 수 있다는 뜻으로, 근거 없는 말이라도 여러 사람이 말하면 곧이듣게 됨을 이르는 말
316	三日天下 삼일천하	정권을 잡았다가 짧은 기간 내에 밀려나게 됨을 이르는 말
317	三從之道 삼종지도	예전에, 여자가 따라야 할 세 가지 도리를 이르던 말. 어려서는 아버지를, 결혼해서는 남편을, 남편이 죽은 후에는 자식을 따라야 했던 것
318	三尺童子 삼척동자	키가 석 자 정도밖에 되지 않는 어린아이. 철없는 어린아이를 이르는 말
319	三寒四溫 삼한사온	한국을 비롯하여 아시아의 동부, 북부에서 나타나는 겨울 기온의 변화 현상. 7일을 주기로 사흘 동안 춥고 나흘 동안 따뜻하다는 뜻
320	桑田碧海 상전벽해	뽕나무밭이 변하여 푸른 바다가 된다는 뜻으로, 세상일의 변천이 심함을 비유적으로 이르는 말
321	塞翁之馬 새옹지마	인생의 길흉화복은 변화가 많아서 예측하기가 어렵다는 말
322	生面不知 생면부지	서로 한 번도 만난 적이 없어서 전혀 알지 못하는 사람
323	生者必滅 생자필멸	생명이 있는 것은 반드시 죽음. 존재의 무상을 이르는 말
324	先公後私 선공후사	공적인 일을 먼저 하고 사사로운 일은 뒤로 미룸
325	先見之明 선견지명	어떤 일이 일어나기 전에 미리 앞을 내다보고 아는 지혜
326	雪上加霜 설상가상	눈 위에 서리가 덮인다는 뜻으로, 난처한 일이나 불행한 일이 잇따라 일어남을 이르는 말
327	說往說來 설왕설래	서로 변론을 주고받으며 옥신각신함. 또는 말이 오고 감.
328	纖纖玉手 섬섬옥수	가냘프고 고운 여자의 손을 이르는 말
329	騷人墨客 소인묵객	시문(詩文)과 서화(書畫)를 일삼는 사람

330	小貪大失 소탐대실	작은 것을 탐하다가 큰 것을 잃음
331	束手無策 속수무책	손을 묶은 것처럼 어찌할 도리가 없어 꼼짝 못 함
332	送舊迎新 송구영신	묵은해를 보내고 새해를 맞음
333	首丘初心 수구초심	여우가 죽을 때에 머리를 자기가 살던 굴 쪽으로 둔다는 뜻으로, 고향을 그리워하는 마음을 이르는 말
334	垂簾聽政 수렴청정	임금이 어린 나이로 즉위하였을 때, 왕대비나 대왕대비가 이를 도와 정사를 돌보던 일. 왕대비가 신하를 접견할 때 그 앞에 발을 늘인 데서 유래
335	壽福康寧 수복강녕	오래 살고 복을 누리며 건강하고 평안함
336	手不釋卷 수불석권	손에서 책을 놓지 아니하고 늘 글을 읽음
337	手上手下 수상수하	손윗사람과 손아랫사람
338	袖手傍觀 수수방관	팔짱을 끼고 보고만 있다는 뜻으로, 간섭하거나 거들지 아니하고 그대로 버려둠을 이르는 말
339	水魚之交 수어지교	물이 없으면 살 수 없는 물고기와 물의 관계라는 뜻으로, 아주 친밀하여 떨어질 수 없는 사이를 비유적으로 이르는 말
340	守株待兎 수주대토	한 가지 일에만 얽매여 발전을 모르는 어리석은 사람을 비유적으로 이르는 말
341	手下親兵 수하친병	자기에게 직접 딸린 졸병, 또는 자기의 수족과 같이 쓰는 사람
342	菽麥不辨 숙맥불변	콩인지 보리인지를 구별하지 못한다는 뜻으로, 사리 분별을 못하고 세상 물정을 잘 모름을 이르는 말
343	脣亡齒寒 순망치한	입술이 없으면 이가 시리다는 뜻으로, 서로 이해관계가 밀접한 사이에 어느 한쪽이 망하면 다른 한쪽도 그 영향을 받아 온전하기 어려움을 이르는 말

344	試可乃已 시가내이	먼저 능(能)·불능(不能)을 시험하고 취사하는 일
345	時刻待變 시각대변	병세가 매우 위급하게 된 상태
346	時刻到來 시각도래	어떤 일에 알맞은 때가 닥쳐옴
347	豕交獸畜 시교수축	돼지처럼 대하고 짐승처럼 기른다는 뜻으로, 사람을 예로써 대우하지 않고 짐승같이 대한다는 말
348	市區改正 시구개정	불규칙한 시의 구역을 고쳐서 바로잡음
349	始勤終怠 시근종태	처음에는 부지런히 하나 나중에는 게으름을 이르는 말
350	侍史刻刻 시시각각	각각의 시각
351	始終如一 시종여일	처음부터 끝까지 변함없이 한결같음
352	食少事煩 식소사번	먹을 것은 적은데 일은 번거롭다는 뜻으로, 수고는 많이 하지만 소득은 적은 경우를 말함
353	息子憂患 식자우환	글자를 안다는 것이 오히려 근심거리가 됨. 아는 것이 탈이라는 말로 학식이 있는 것이 오히려 근심을 사게 됨을 뜻함
354	信賞必罰 신상필벌	(상을 받을 만한 사람에게는) 반드시 상을 주고, (벌을 받을 만한 사람에게는) 반드시 벌을 준다는 뜻으로, 상벌을 규정대로 분명하게 하는 경우
355	身言書判 신언서판	중국 당나라 때 관리를 등용하는 기준으로 삼았던 몸, 말씨, 글씨, 판단력의 네 가지를 이르는 말
356	神出鬼沒 신출귀몰	귀신처럼 나타나고 없어진다는 뜻으로, 귀신이 나타났다 사라지듯 홀연히 드나듦을 이름
357	實事求是 실사구시	사실에 토대하여 진리를 탐구하는 일이란 뜻으로, 공론만 일삼는 양명학에 대한 반동으로서 청조긔 고증학파가 내세운 표어를 말함

358	心機一轉 심기일전	(어떤 동기에 의하여) 지금까지 품었던 생각과 마음의 자세를 완전히 바꿈	
359	心動神疲 심동신피	마음이 움직이면 신기가 피곤하니 마음이 불안하면 신기가 불편함	
360	深思熟考 심사숙고	깊이 생각하고 오래 살핀다는 뜻으로, 곰곰이 따져 사려깊이 처신함을 뜻함	
361	心中所懷 심중소회	마음속의 생각이나 느낌	
362	十匙一飯 십시일반	열 사람이 한 숟가락씩 모아서 한 사람의 먹을 끼니가 된다는 뜻으로, 작은 힘을 모아 큰일을 한다는 뜻	
363	十忍十色 십인십색	사람의 성격 생각 기호 등은 사람에 따라 각각이 다름을 이르는 말	
364	我歌査唱 아가사창	내가 부를 노래를 사돈이 부른다는 속담의 한역으로, 책망을 들을 사람이 도리어 큰소리를 침을 이르는 말	
365	我躬不閱 아궁불열	자신도 돌보지 못하는 형편이라는 뜻으로, 후손이나 남을 걱정할 여력이 없음을 이르는 말	
366	兒童走卒 아동주졸	어린이와 바쁘게 돌아다니는 심부름꾼이라는 뜻으로, 철없는 아이들과 어리석은 사람들을 이르는 말	
367	兒童便射 아동편사	활쏘기 장려의 뜻에서, 동네별로 어린이들로만 편을 짜고 활쏘기를 겨루던 일	
368	餓狼之口 아랑지구	굶주린 이리의 아가리라는 뜻으로, 탐욕스럽고 잔인 무도한 사람을 비유해 이르는 말	
369	阿磲磲地 아록록지	사실과 이치가 원만하여 완전무애한 것을 이르는 말	
370	阿鼻叫喚 아비규환	아우성치고 소리 질러 참혹한 상태로, 극심한 재난으로 살려달라고 아수라장이 된 모습	
371	啞然失色 아연실색	몹시 놀라서 얼굴빛이 변한다는 뜻	
372	我田引水 아전인수	제 논에 물 대기라는 뜻으로, 자기에게만 유리하게 행동하거나 생각하는 이기적인 경우	

373	惡戰苦鬪 악전고투	모질게 싸우고 힘들게 싸운다는 뜻으로, 어려운 상황에서 매우 노력함을 뜻함
374	眼下無人 안하무인	눈 아래에 사람이 없다는 뜻으로, 사람됨이 교만하여 남을 업신여기는 경우
375	揠苗助長 알묘조장	싹을 뽑아 올려 자라는 것을 돕는다는 뜻으로, 일을 절차와 순리대로 차근히 하지 않고 억지로 하다가 도리어 일을 망침을 뜻함
376	暗中摸索 암중모색	어두운 데서 무엇을 더듬어 찾는다는 뜻으로, 무슨 일을 은밀한 가운데 도모함을 뜻함
377	藥房甘草 약방감초	약방의 감초라는 뜻으로, 모든 한약에 감초가 들어간다는 데에서 어떤 일에나 빠지지 않고 끼는 사람
378	羊頭狗肉 양두구육	양의 머리를 내걸고 개고기를 판다는 뜻으로, 겉모양은 훌륭하지만 속은 형편없음을 이름
379	梁上君子 양상군자	대들보 위의 군자라는 뜻으로, 도둑이나 쥐를 달리 일컫는 말
380	良藥古丘 양약고구	좋은 약은 입에 쓰다라는 뜻으로, 바르게 충고하는 말은 귀에 거슬리지만 자신을 이롭게 함을 비유하여 이르는 말
381	養虎遺患 양호유환	호랑이를 길러서 근심을 남긴다는 뜻으로, 화근이 될 만한 일을 시작하여 걱정거리가 생김을 뜻함
382	漁父之利 어부지리	어부의 이익이라는 뜻으로, 두 사람이 다투고 있는 사이에 엉뚱한 제3자가 이익을 얻게 되는 경우
383	語不成說 어불성설	말이 이야기가 되지 않는 다는 뜻으로, 말에 논리성이나 사실성이 결여되었다는 뜻
384	億兆蒼生 억조창생	무성하게 우거진 초목처럼 무수히 많은 백성이라는 뜻으로, 모든 백성 또는 세상의 모든 생명 있는 것들을 뜻함
385	言中有骨 언중유골	말 가운데 뼈가 있다는 뜻으로, 말은 순한 듯하나 그 속에 비꼬거나 헐뜯는 속뜻이 들어 있는 경우
386	如履薄氷 여리박빙	마치 엷은 얼음을 밟는 듯하다는 뜻으로, 살얼음 밟듯이 위태로운 일을 매우 조심조심함. 또는 매우 위험하고 위태로운 상황을 뜻함
387	易子教之 역자교지	부모와 자식 간에는 잘못을 꾸짖기 어렵기에 남과 자식을 바꾸어 가르침

388	易地思之 역지사지	처지를 바꾸어 그 일에 대해 생각한다는 뜻으로, 어떤 일을 상대편의 입장이 되어 생각해 보는 경우
389	緣木求魚 연목구어	나무에 올라가서 물고기를 구한다는 뜻으로, 도저히 불가능한 일을 하려 하는 경우, 또는 목적을 달성할 수단이 알맞지 않은 경우
390	炎涼世態 염량세태	따뜻하면 붙고 서늘하면 버리는 세상의 태도라는 뜻으로, 세력이 있을 때는 좇고 세력이 없어지면 버리는 세상의 인심을 비유함
391	炎涼世態 염화미소	꽃을 집자 미소를 띤다는 뜻으로, 마음으로써 마음을 전함을 뜻함 이심전심
392	榮枯盛衰 영고성쇠	흥성하고 번영하였다가 쇠퇴한다는 뜻으로, 인생이나 사물이 번성함과 쇠함이 번갈아 이어짐을 뜻함
393	吾家麒麟 오가기린	우리 집의 기린이라는 뜻으로, 부모가 자기 자식의 준수(俊秀)함을 칭찬하는 말
394	吾家所立 오가소립	자기가 도와서 출세시켜 준 사람이라는 뜻
395	五車之書 오거지서	다섯 수레에 가득 실을 만큼 많은 장서(藏書)
396	五經掃地 오경소지	공맹의 교가 쇠퇴하여 행해지지 않음
397	烏口雜湯 오구잡탕	갖가지 너저분한 짓들을 하는 잡된 무리들
398	吾謹避之 오근피지	맞부딪치기를 꺼리어 자기가 스스로 슬그머니 피함
399	五利務中 오리무중	5리에 걸친 깊은 안개 속이라는 뜻으로 무슨 일에 대하여 알 길이 없음
400	寤寐不忘 오매불망	자나 깨나 잊지 못함
401	吾鼻三尺 오비삼척	내 코가 석자라는 뜻으로, 내 사정이 급하여 남을 돌 볼 여유가 없는 경우
402	烏飛梨落 오비이락	까마귀가 날자마자 배가 떨어진다는 뜻으로, 공교롭게 어떤 일이 우연히 같은 때에 일어나 공연히 남의 의심을 받게 된다는 뜻

403	傲霜孤節 오상고절	서리를 우습게 여길 만한 고고한 절개라는 뜻으로, 국화의 덕성을 칭송한 말로 고고한 기품과 절개를 지키며 선비의 기상과 통한다는 뜻
404	吳越同舟 오월동주	오나라와 월나라가 같은 배를 타고 간다는 뜻으로, 원수끼리 같은 처지에 있을 때 서로 돕게 된다는 뜻
405	烏合之卒 오합지졸	까마귀 떼처럼 모여 있는 군사라는 뜻으로, 아무런 규율도 없고 보잘 것도 없는 사람들의 무리
406	玉石混淆 옥석혼효	옥과 돌이 뒤섞여 있다는 뜻으로, 훌륭한 것과 그렇지 못한 것, 어진 사람과 어리석은 사람이 섞여 있음을 이르는 말
407	溫故知新 온고지신	옛것을 익혀서 새것을 앎
408	蝸角之爭 와각지쟁	달팽이 더듬이 위에서의 싸움이라는 뜻으로, 다투는 바가 지극히 작다는 말, 또는 보잘것없는 다툼이나 작은 나라들끼리의 싸움을 이르는 말
409	臥薪嘗膽 와신상담	땔나무 위에 누워 쓸개를 맛본다는 뜻으로, 어떤 목적을 달성하기 위해 온갖 고뇌를 참고 견딘다는 뜻
410	外柔內剛 외유내강	은 부드러우나 마음속은 꿋꿋하고 굳셈
411	窈窕淑女 요조숙녀	얌전하고 아리따운 숙녀라는 뜻으로, 말과 행동이 얌전하고 아름다운 여자
412	龍頭蛇尾 용두사미	용머리에 뱀 꼬리라는 뜻으로, 처음은 거창하나 나중은 희미하여 보잘 것이 없는 것을 이르는 말로 무슨 일을 거창하게 시작했지만 흐지부지 끝나는 경우를 뜻함
413	龍虎相搏 용호상박	용과 호랑이가 서로 싸운다는 뜻으로, 서로 만만치 않은 상대끼리 맞붙어 겨루는 모습을 비유
414	愚公移山 우공이산	우공이 산을 옮긴다는 뜻으로, 어떤 일이라도 끊임없이 노력하면 마침내 이룰 수 있다는 뜻
415	迂餘曲折 우여곡절	길이 쭉 바로 뻗지 못하고 이리저리 굽고 꺾였다는 뜻으로, 일이 굴곡이 많고 변화가 많음을 뜻함
416	右往左往 우왕좌왕	이리저리 오락가락하며 일이나 나아갈 방향을 결정짓지 못하고 망설임

417	牛鈕不斷 우유부단	마음이 모질지 못하여 우물쭈물하고 결단을 내리지 못함
418	牛耳讀經 우이독경	소귀에 경 읽기라는 뜻으로, 아무리 가르치고 일러 주어도 알아듣지 못함을 이르는 말
419	雨後竹筍 우후죽순	비 온 뒤에 대나무 순이 쑥쑥 나오듯이 어떤 일이 한 때에 많이 일어남을 뜻함
420	遠禍召福 원화소복	재앙을 멀리하고 복을 부른다는 뜻
421	韋編三絕 위편삼절	책을 맨 가죽 끈이 세 번이나 끊어졌다는 뜻으로, 가죽 끈이 세 번이나 끊어질 만큼 열심히 독서한다는 뜻
422	有口無言 유구무언	입은 있으나 할 말이 없다는 뜻으로, 변명할 말이 없음
423	有名無實 유명무실	이름만 있고 실제 내용은 없다는 뜻으로, 알려진 이름만큼 실제 내용이 미치지 못하는 경우
424	流芳百世 유방백세	꽃다운 향기가 백세에 널리 알려진다는 뜻으로, 명예로운 이름을 후세에 길이 남김을 뜻함
425	有備無患 유비무환	준비가 있으면 근심이 없음이라는 뜻으로, 어떤 일에 미리 대비하면 걱정할 것이 없다는 말
426	流水不腐 유수불부	흐르는 물은 썩지 않는다는 뜻으로, 항상 끊임없이 노력하면 정체되거나 쇠퇴하지 않음을 이름
427	類類相從 유유상종	비슷한 사람끼리 오가며 사귐
428	流言蜚語 유언비어	아무 근거 없이 널리 퍼진 소문, 또는 터무니없이 떠도는 말
429	六河原則 육하원칙	기사 작성을 할 때 지켜야 하는 필수 조건으로 누가 언제 어디서 무엇을 어떻게 왜의 여섯가지 원칙을 이르는 말
430	隱忍自重 은인자중	참고 견디면서 신중하게 행동함
431	泣斬馬謖 읍참마속	제갈량이 눈물을 머금고 마속의 목을 벤다는 뜻으로, 사랑하는 신하를 법대로 처단하여 질서를 바로잡음을 이르는 말

432	以假亂眞 이가난진	가짜가 진짜를 어지럽히고 거짓이 진실을 뒤흔든다는 뜻
433	移去移來 이거이래	돈 등이 왔다 갔다함
434	以桀攻桀 이걸공걸	바르지 못한 자가 바르지 못한 자를 공박함
435	離苦得樂 이고득락	괴로움에서 벗어나 즐거움을 얻음
436	異曲同工 이곡동공	연주(演奏)하는 곡은 다르지만 그 절묘함은 거의 같다는 뜻으로, 방법은 다르나 결과는 같음을 이르는 말
437	以功報功 이공보공	남의 은공(恩功)은 은공으로써 갚는다는 뜻
438	異口同聲 이구동성	입은 다르지만 하는 말은 같다는 뜻으로, 여러 사람의 말이 한결같음을 이르는 말
439	離群索居 이군삭거	동문의 벗들과 떨어져 외롭게 사는 것을 말함
440	貽厥嘉猷 이궐가유	도리를 지키고 착함으로 자손에 좋은 것을 끼쳐야 함
441	履屐俱當 이극구당	마른 날에는 신으로 신고, 진 날에는 나막신으로 신는다는 뜻으로, 모든 일을 능란하게 다룰 수 있는 역량을 가지고 있음의 비유
442	以卵投石 이란투석	계란으로 바위치기라는 뜻으로, 약한 것으로 강한 것을 당해 내려는 무모하고 어리석은 짓을 말함
443	李模之年 이모지년	센 머리털이 나기 시작하는 나이라는 뜻
444	以心傳心 이심전심	마음으로 마음을 전하다라는 뜻으로, 힘에는 힘으로 또는 강한 것에는 강한 것으로 상대하는 경우
445	以熱治熱 이열치열	열로써 을 다스리다라는 뜻으로, 힘에는 힘으로 또는 강한 것에는 강한 것으로 상대하는 경우
446	利用厚生 이용후생	(편리한 기구등을) 이용하여 생활에 부족함이 없게 하자는 생각 또는 그런 일을 이르는 말

447	泥田鬪狗 이전투구	진흙 밭의 개싸움 이라는 뜻으로, 명분이 서지 않는 일로 몰골사납게 싸움
448	弋不射宿 익불사숙	주살질은 해도 자는 새를 쏘지는 않는다는 뜻으로, 무슨 일에나 정도를 넘지 않는 훌륭한 인물의 태도를 이르는 말
449	因果應報 인과응보	원인과 결과가 서로 대응하여 보답함 이라는 뜻으로, 좋은 행동에는 좋은 결과를 나쁜 행동에는 나쁜 결과를 받게 된다는 뜻
450	人面獸心 인면수심	사람의 얼굴을 하였으나 마음은 짐승과 같다는 뜻으로, 사람의 도리를 지키지 못하고 배은망덕하거나 행동이 흉악하고 음탕한 사람을 이르는 말
451	人死留名 인사유명	사람은 죽어서 이름을 남김
452	人山人海 인산인해	사람으로 이루어진 산과 바다라는 뜻으로, 많은 사람이 모인 상태를 이르는 말
453	仁者無敵 인자무적	어진 사람에게는 적이 없다는 뜻으로, 많은 사람이 모인 상태를 이르는 말
454	人之常情 인지상정	사람이라면 누구나 가지는 보통의 마음 또는 생각
455	一刻千金 일각천금	일각이 천금이라는 뜻으로, 매우 짧은 시간도 천금처럼 아깝고 귀중하다는 말
456	日久月深 일구월심	날이 오래고 달이 깊어 간다는 뜻으로, 무언가 바라는 마음이 세월이 갈수록 더해짐을 이르는 말
457	一擧兩得 일거양득	하나를 들어서 둘을 얻다는 뜻으로, 한 가지 일로 두 가지의 이익을 얻는 경우
458	一刀兩斷 일도양단	한 칼로 두 동강이를 낸다는 뜻으로, 일이나 행동을 머뭇거리지 않고 과감히 처리함을 이르는 말
459	一網打盡 일망타진	한 번 그물을 쳐서 고기떼를 모두 잡는다는 뜻으로, 어떤 무리를 한꺼번에 모조리 다 잡음을 뜻함
460	一石二鳥 일석이조	하나의 돌로 두 마리의 새를 잡는다는 뜻으로, 한 가지 일을 하여 두 가지의 이득을 얻는 경우

461	一魚濁水 일어탁수	물고기 한 마리가 큰물을 흐르게 한다는 뜻으로, 한 사람의 악행으로 인하여 여러 사람이 그 해를 받게 되는 것을 비유하는 말로 쓰임
462	一日三秋 일일삼추	하루가 3년이라는 뜻으로, 매우 빼어난 글자나 시문을 비유한 말
463	一字千金 일자천금	글자 한 자에 천금 이라는 뜻으로, 몹시 지루하게 애태우며 기다리는 경우
464	一場春夢 일장춘몽	한바탕의 봄꿈처럼 헛된 영화나 덧없는 일이라는 뜻으로, 인생의 허무함을 비유하여 이르는 말
465	日中逃影 일중도영	한낮에 그림자를 피한다는 뜻으로, 불가능한 일, 이루어질 수 없는 일을 비유해 이르는 말
466	日中不決 일중불결	이른 아침부터 회의를 열어서 오정 때에 이르러도 아직 결정되지 아니 함
467	一觸卽發 일촉즉발	한 번 닿기만 해도 곧 폭발한다는 뜻으로, 금방이라도 일이 터질듯하게 위험하고 아슬아슬한 상태
468	一寸光陰 일촌광음	아주 짧은 시간
469	日就月將 일취월장	날로 나아가고 달로 나아가다는 뜻으로, 학문이나 기술이 나날이 발전하는 경우
470	一敗塗地 일패도지	싸움에서 패하여 몸뚱이가 땅에 깔리다는 뜻으로, 완전히 패함을 이르는 말
471	一片丹心 일편단심	한 조각 정성스런 마음이라는 뜻으로, 변치 않는 참된 마음을 이르는 말
472	臨渴掘井 임갈굴정	목마른 자가 우물을 판다라는 뜻으로, 준비없이 일을 당하여 허둥지둥하고 애씀
473	臨機應變 임기응변	그때그때 시기에 임해 변화에 대응한다는 뜻으로, 그때그때 상황을 보아 알맞게 대처함을 뜻함
474	臨戰無退 임전무퇴	전쟁에 임하여 물러나지 아니하여야 한다는 계율로 세속오계의 하나
475	立刻捉來 입각착래	그 자리에서 즉각 잡아 옴

476	入境問禁 입경문금	국경에 들어서면 그 나라에서 금(禁)하는 것을 물어 보라는 말
477	入境問俗 입경문속	타향에 가면 그 고을 풍속을 물어서 그에 따르는 일
478	立稻先賣 입도선매	벼를 논에 세워 둔 채로 미리 돈을 받고 팖
479	自家撞着 자가당착	자기의 언행이 앞뒤가 맞지 않아 부딪힌다는 뜻으로, 자기 스스로의 언행이 모순됨을 이름
480	自手成家 자수성가	스스로의 손으로 집을 이루다라는 뜻으로, 물려받은 재산 없이 스스로 재산을 모아 어엿한 살림을 이룬 경우
481	自繩自縛 자승자박	자기가 가진 새끼줄로 스스로를 묶는다는 뜻으로, 자기가 한 말과 행동으로 자기 자신이 구속되어 괴로움을 당함을 뜻함
482	自業自得 자업자득	스스로의 업을 스스로 얻음 이라는 뜻으로, 자기가 벌인 일의 결과를 자신이 받는다는 말
483	自初至終 자초지종	처음부터 끝까지 라는 뜻으로, 처음부터 끝까지의 동안이나 과정을 이르는 말
484	自畵自讚 자화자찬	자기가 그린 그림을 제가 칭찬한다는 뜻으로, 결심이 굳지 못함을 빗대어 이르는 말
485	作狂作聖 작광작성	사람은 마음을 먹기에 따라 광인도 될 수 있고, 성인(聖人)도 될 수 있음
486	酌量減輕 작량감경	범죄의 정상에 참작할 사유가 있을 때에 법관의 작량에 의하여 형을 감경하는 일
487	昨非今是 작비금시	어저께는 나쁘다고 생각한 것이 오늘은 좋다고 생각됨
488	作舍道傍 작사도방	의견이 서로 달라서 일을 결정하지 못함을 일컫는 말
489	作心三日 작심삼일	마음을 먹은 것이 삼일을 못 간다는 뜻으로, 결심이 굳지 못함을 빗대어 이르는 말
490	張三李四 장삼이사	장씨 집의 셋째 아들과 이씨 집의 넷째 아들이라는 뜻으로, 평범한 보통사람

491	賊反荷杖 적반하장	도둑이 오히려 몽둥이를 메고 달려든다는 뜻으로, 잘못한 자가 도리어 큰 소리는 낸다는 뜻
492	赤手空拳 적수공권	맨손과 맨주먹이라는 뜻으로, 곧 아무것도 가진 것이 없음
493	適材適所 적재적소	적당한 인재를 적당한 자리에 둔다는 뜻으로, 알맞은 재주꾼을 적당한 자리에 씀
494	電光石火 전광석화	번갯불과 부싯돌의 불꽃처럼 몹시 짧은 시간이나 매우 재빠른 동작을 일컫는 말
495	前代未聞 전대미문	이전 시대에는 들어 본 적이 없다는 뜻으로, 매우 놀라운 일이나 새로운 것을 두고 이르는 말
496	前無後無 전무후무	이전에도 없었고 이후에도 없다라는 뜻
497	戰戰兢兢 전전긍긍	벌벌 떨면서 몸을 움츠리고 조심하는 모습
498	轉禍爲福 전화위복	재앙이 바뀌어 복이 된다는 뜻으로, 나쁜 일이 오히려 좋은 일로 바뀌는 경우
499	絶世佳人 절세가인	세상에서 뛰어나게 아름다운 사람
500	切磋琢磨 절차탁마	옥돌을 자르고 줄로 쓸고 끌고 쪼고 갈아 빛을 내다라는 뜻으로, 학문이나 인격을 갈고 닦음
501	切齒腐心 절치부심	몹시 분하여 이를 갈고 속을 썩인다는 뜻으로, 원통하고 분한 정도가 심함을 비유
502	頂門一針 정문일침	정수리에 한 대의 침을 놓는다는 뜻으로, 남의 잘못을 따끔하게 충고하거나 비판하는 경우
503	正正堂堂 정정당당	태도나 처지가 바르고 떳떳함
504	糟糠之妻 조강지처	술지게미와 겨로 끼니를 이으며 같이 고생한 아내란 뜻으로, 힘들 때 고생을 같이해온 아내 본부인을 뜻함
505	朝令暮改 조령모개	아침에 명령을 내렸다가 저녁에 다시 고친다는 뜻으로, 법령이나 명령이 자주 바뀌는 경우

506	朝三暮四 조삼모사	아침에 세 개 저녁에 네 개란 뜻으로 간사한 꾀로 남을 농락함을 말함
507	鳥足之血 조족지혈	새발의 피라는 뜻으로, 아주 적은 양을 이르는 말
508	種豆得豆 종두득두	콩을 심으면 콩을 얻는다는 뜻으로, 어떤 원인이 있으면 그에 따른 결과가 온다는 말
509	坐不安席 좌불안석	앉아 있으나 편안한 자리가 아니다라는 뜻으로, 마음이 불안하고 걱정스러워 가만히 한군데에 오래 앉아 있지 못하는 경우
510	坐井觀天 좌정관천	우물 속에 앉아 하늘을 본다라는 뜻으로, 견문이 좁은 경우
511	主客一體 주객일체	나와 대상이 일체가 됨
512	主客顚倒 주객전도	주인은 손님처럼 손님은 주인처럼 행동을 바꾸어 한다는 것으로 입장이 뒤바뀐 것
513	主客之間 주객지간	주인과 손의 사이
514	主客之勢 주객지세	남에게 매여 있는 사람은, 주도적인 처지에 놓여 있는 사람을 당해 내지 못하는 형세
515	晝耕夜讀 주경야독	낮에는 농사짓고 밤에는 공부한다는 뜻으로, 잘하는 사람을 더 잘하도록 격려함을 이름
516	走馬加鞭 주마가편	달리는 말에 채찍질을 더한다는 뜻으로, 잘하는 사람을 더 잘하도록 격려함을 이름
517	走馬看山 주마간산	달리는 말 위에서 산천을 구경한다는 뜻으로, 이것저것 천천히 살펴볼 틈이 없이 바삐 서둘러 대강대강 보고 지나침을 이르는 말
518	酒池肉林 주지육림	호화롭고 방탕한 술잔치나 호사스러운 생활을 이르는 말
519	竹馬故友 죽마고우	대말을 타고 함께 놀던 친구라는 뜻으로, 어릴 때부터 같이 놀며 자란 오랜 벗을 이름
520	衆寡不敵 중과부적	많은 무리는 소수의 사람에게 대적이 되지 못한다는 뜻으로, 적은 수로 많은 수로 많은 수를 당할 수 없음을 뜻함

521	衆口難防 중구난방	여러 사람의 입은 막기가 어렵다는 뜻으로, 많은 사람이 마구 떠들어대는 소리는 감당하기 어렵다는 뜻
522	重言復言 중언부언	거듭 말하고 다시 말하다는 뜻으로, 이미 한 말을 자꾸 되풀이하는 경우
523	指鹿爲馬 지록위마	사슴을 가리켜 말이라고 한다는 뜻으로, 꾀를 부려 다른 사람을 농락하거나 권세를 휘두름을 뜻함
524	支離滅裂 지리멸렬	갈가리 흩어지고 찢어져 종잡을 수가 없음을 뜻함
525	支離分散 지리분산	이리저리 흩어져 갈피를 잡을 수 없음
526	至誠感天 지성감천	정성이 지극하면 하늘도 감동한다는 뜻
527	池漁之殃 지어지앙	못에 사는 물고기의 재앙이라는 뜻으로, 이유도 없이 뜻하지 않게 당하는 재앙이라는 뜻
528	指呼之間 지호지간	손짓으로 부를 만한 가까운 거리
529	珍羞盛饌 진수성찬	보배처럼 좋은 음식과 가득 차려진 음식
530	盡忠竭力 진충갈력	충성을 다하고 힘들 다 바친다는 뜻으로, 온 힘을 다해 노력함을 이르는 말
531	進退兩難 진퇴양난	나아가거나 물러나는 것 두 가지가 모두 어려움이라는 뜻으로, 이러기도 어렵고 저러기도 어려운 매우 난처한 처지에 놓여 있음을 이르는 말
532	疾風怒濤 질풍노도	빠른 바람과 성난 파도란 뜻으로, 불안정한 상태의 청소년기를 비유하기도 함
533	差强人意 차강인의	마음을 약간 든든하게 하여 준다는 뜻
534	且驚且喜 차경차희	한편으로는 놀라면서 다른 한편으로는 기뻐함

535	借鷄騎還 차계기환	닭을 빌려 타고 돌아간다는 뜻으로, 손님을 박대하는 것을 빗대어 이르는 말
536	借刀殺人 차도살인	칼을 빌려 사람을 죽인다는 뜻으로, 남을 이용하여 사람을 해치는 음험한 수단을 이르는 말
537	此日彼日 차일피일	이 날이다 저 날이다하며 약속이나 기한을 자꾸 미룸
538	滄海一粟 창해일속	넓은 바다에 좁쌀 한 알의 뜻으로, 아주 큰 것 중에 아주 작은 것으로 미미하고 하찮은 것을 의미함
539	天高馬肥 천고마비	하늘은 높고 말은 살찐다는 뜻으로, 가을을 말함
540	天方地軸 천방지축	어리석은 사람이 갈피를 못 잡고 덤벙대는 모양
541	天生緣分 천생연분	하늘이 이어 준 연분
542	泉石膏肓 천석고황	자연을 깊이 사랑하여 헤어나지 못하는 고질병을 뜻함
543	千辛萬苦 천신만고	여러 가지 맵고 쓴 맛이라는 뜻으로, 온갖 고생을 겪은 경우
544	天壤之差 천양지차	하늘과 땅의 엄청난 차이라는 뜻으로, 온갖 고생을 겪은 경우
545	天佑神助 천우신조	하늘이 돕고 신이 돕는다는 뜻
546	天衣無縫 천의무봉	하늘의 옷에는 꿰멘 자국이 없다는 뜻으로, 시나 문장 따위가 꾸밈이 없이 자연스러움을 이르는 말, 또는 사물이 완전무결함을 이르는 말
547	千載一遇 천재일우	천 년에 한 번 만난다는 뜻으로, 다시 만나기 힘든 좋은 기회
548	天眞爛漫 천진난만	꾸밈없는 그대로의 참됨이 빛을 발하며 넘쳐난다는 뜻으로, 원래 태어난 모습 그대로 순수하고 고움을 뜻함
549	穿鑿之學 천착지학	깊게 파고 들어가는 학문이라는 뜻

550	千篇一律 천편일률	천 편이 모두 한 가지 운율이라는 뜻으로, 시문이나 사물이 독특한 개성 없이 모두 비슷비슷한 경우
551	鐵面皮 철면피	쇠로 만든 얼굴가죽 이라는 뜻으로, 굳센 의지를 이르는 말
552	鐵石肝腸 철석간장	쇠나 돌같이 굳은 마음이라는 뜻으로, 굳센 의지를 이르는 말
553	淸廉潔白 청렴결백	맑고 검소하며 깨끗하고 희다는 뜻으로, 개인적 이익이나 욕심에 끌리지 않고 곧고 깨끗하다는 뜻
554	靑山流水 청산유수	큰 산에 흐르는 물처럼 말을 거침없이 잘하는 경우
555	靑天霹靂 청천벽력	푸른 하늘에 치는 벼락이라는 뜻으로, 푸른 하늘 맑은 날에 갑자기 천둥 번개가 치듯 별안간 엄청난 일이 벌어짐을 뜻함
556	靑出於藍 청출어람	푸른색은 쪽풀에서 나왔지만 쪽풀보다 푸르다는 뜻으로, 제자가 스승보다 뛰어남을 뜻함
557	草綠同色 초록동색	풀색과 녹색은 같은 색이라는 뜻으로, 같은 처지에 있는 사람들 끼리 같이 어울리게 마련이라는 뜻
558	焦眉之急 초미지급	눈썹에 불이 붙는 것과 같이 몹시 위급함
559	初志一貫 초지일관	처음 품은 뜻을 한결같이 꿰뚫음
560	寸鐵殺人 촌철살인	한 치의 짧은 칼로 사람을 죽인다는 뜻으로, 짧은 말로 사람의 마음을 찔러 감동시킨다는 뜻
561	秋風落葉 추풍낙엽	가을에 떨어지는 낙엽과 같이 덧없음을 일컬음
562	春秋筆法 춘추필법	공자가 저술한 춘추에 쓰인 필법처럼 비판적이고 엄정한 필법, 대의 명분을 밝혀 세우는 논조
563	七寶丹粧 칠보단장	곱 가지 보물로 붉게 단장한다는 뜻으로, 갖가지 보석으로 곱게 치장한다는 뜻

564	七縱七擒 칠종칠금	일곱 번 놓아주고 일곱 번 사로잡는다는 뜻으로, 제갈량이 남만의 맹획을 일곱 번이나 잡았다가 풀어주어 스스로 굴복하게 한 전략에서 마음대로 잡았다 놓았다 한다는 뜻
565	七顚八起 칠전팔기	일곱 번 넘어지고 여덟 번 일어난다는 뜻으로, 여러 번 실패해도 굽히지 않고 분투함을 이르는 말
566	枕戈待旦 침과대단	'창을 베고 자면서 아침을 기다린다'라는 뜻으로, 항상 전투태세를 갖추고 있는 군인의 자세를 비유하는 말
567	枕戈待敵 침과대적	창을 베고 적을 기다린다는 뜻으로, 항상 전투태세를 갖추고 있는 군인의 자세를 비유하는 말
568	枕戈以待 침과이대	창을 베고 기다린다는 뜻으로, 항상 전투태세를 갖추고 있는 군인의 자세를 비유하는 말
569	枕戈坐甲 침과좌갑	창을 베고 갑옷을 깔고 앉는다는 뜻으로, 항상 전투태세를 갖추고 있는 군인의 자세를 비유하는 말
570	枕戈寢甲 침과침갑	창을 베고 갑옷을 입고 잠을 잔다는 뜻으로, 항상 전투태세를 갖추고 있는 군인의 자세를 비유하는 말
571	枕流漱石 침류수석	시냇물을 베개 삼고 돌로 양치질한다는 뜻으로, 몹시 남에게 지기 싫어함을 이르는 말
572	沈默寂寥 침묵적요	세상에 나와서 교제하는 데도 언행에 침착해야 함
573	寢不安席 침불안석	걱정이 많아서 편안히 자지 못함
574	針小棒大 침소봉대	바늘처럼 작은 것을 몽둥이처럼 크다고 한다는 뜻으로, 작은 일을 크게 과장하여 말하는 경우
575	稱家有無 칭가유무	집의 형세에 따라 일을 알맞게 함
576	稱體裁衣 칭체재의	몸에 맞추어 옷을 마른다는 뜻으로, 일의 처한 형편에 따라 적합하게 일을 처리하여야 함을 이르는 말
577	快刀亂麻 쾌도난마	경쾌한 칼놀림으로 어지러운 삼대를 잘라내다는 뜻으로, 일을 시원스럽게 척척 해냄을 의미함

578	快犢破車 쾌독파거	기세 좋은 송아지는 이따금 제가 끄는 수레를 깨뜨린다는 뜻으로, 장차 큰 일을 하려는 젊은이는 스스로를 경계해야 함을 이르는 말
579	快犢破車 쾌독파차	성질이 거센 송아지는 이따금 제가 끄는 수레를 파괴하나 자라서는 반드시 장쾌한 소가 된다는 뜻으로, 난폭한 소년은 장차 큰 인물이 될 가능성이 있음을 비유한 말
580	快樂不退 쾌락불퇴	쾌락이 오래 지속되어 도중에 그치지 않음
581	快意當前 쾌의당전	현재를 즐기거나 현재의 만족을 꾀함
582	快人快事 쾌인쾌사	쾌활한 사람의 시원스러운 행동
583	他家劫舍 타가겁사	백성(百姓)의 집을 때려 부수고 재물(財物)을 마구 빼앗음의 뜻
584	他弓莫輓 타궁막만	남의 활을 당겨 쏘지 말라는 뜻으로, ① 무익한 일은 하지 말라는 말 ② 자기가 닦은 것을 지켜 딴 데 마음 쓰지 말 것을 이르는 말
585	墮其術中 타기술중	남의 간악한 꾀에 넘어가거나 빠짐
586	唾面自乾 타면자건	남이 내 얼굴에 침을 뱉으면 저절로 마를 때까지 기다린다는 뜻으로, 처세에는 인내가 필요함을 이르는 말
587	他山之石 타산지석	다른 산의 돌도 자신의 옥을 가는데 도움이 될 수 있는 것처럼, 다른 사람의 하찮은 언행도 나의 지덕을 닦는데 도움이 될 수 있다는 말
588	卓上空論 탁상공론	실제적인 이용 가치도 없는 것을 둘러 앉아 의논한다는 뜻
589	泰山北斗 태산북두	태산과 북두칠성이라는 뜻으로, 세상 사람들로부터 존경받는 사람, 어떤 전문 분야에서의 권위자를 일컫는 말
590	泰然自若 태연자약	태연하고 침착하여 조금도 마음이 동요되지 아니하는 모양을 이르는 말
591	太平聖代 태평성대	어진 임금이 다스리는 태평한 시대

592	吐瀉狗烹 토사구팽	토끼가 죽으면 개를 삶아 먹는다는 뜻으로, 쓸모가 있을 때는 이용하다가 가치가 없으면 냉정하게 버린다는 뜻
593	吐哺握發 토포악발	먹던 것을 뱉고 감던 머리채를 잡고 손님을 맞이한다는 뜻으로, 널리 인재를 구하고 어진 선비를 잘 대접한다는 뜻
594	破鏡重圓 파경중원	깨진 거울이 다시 둥근 모습을 되찾는다는 뜻이거나, 또는 생이별한 부부가 다시 결합한 것
595	破鏡之歎 파경지탄	부부 사이의 영원한 이별을 서러워하는 탄식
596	破戒無慙 파계무참	계율을 어기면서 부끄러워함이 없음. 또는 그 모양
597	破觚斲雕 파고착조	모난 것을 둥글게 하고, 복잡한 것을 간단하게 함, 또는 가혹한 형벌을 없애고, 복잡한 규칙을 고침
598	罷工寬免 파공관면	부득이한 이유에 의하여 파공을 면허함
599	破器相接 파기상접	깨어진 그릇 조각을 서로 맞춘다는 뜻으로, 이미 잘못된 일을 바로잡으려고 쓸데없이 애씀을 이르는 말
600	破器相從 파기상종	이미 망가진 일을 고치고자 쓸데없이 애를 씀을 이르는 말
601	爬羅剔抉 파라척결	긁어모아 발라낸다는 뜻으로 ① 숨은 인재를 널리 찾아 내어 등용함. ② 남이 숨기고 있는 비밀이나 결점을 파헤침을 이르는 말
602	波瀾萬丈 파란만장	물결의 길이가 만이나 된다는 뜻으로, 일의 진행이 변화가 심함을 뜻함
603	破邪顯正 파사현정	사악한 것을 깨트리고 바른 것을 나타낸다는 뜻
604	破竹之勢 파죽지세	대나무를 쪼갤 때의 기세라는 뜻으로, 거침없이 맹렬한 기
605	八方美人 팔방미인	여덟 방위로 살펴보아도 아름다운 사람이라는 뜻으로, 여러 방면에 능통한 사람을 이르는 말
606	敗家亡身 패가망신	집안의 재산을 모두 탕진하고 자신의 몸을 망침

607	平地風波 평지풍파	평지에 풍파가 인다는 뜻으로, 뜻밖에 분쟁이 일어남을 비유하여 이르는 말
608	弊袍破笠 폐포파립	누더기 도포와 찌그러진 갓이라는 뜻으로, 초라한 행색을 뜻함
609	抱腹絶倒 포복절도	배를 안고 기절하여 넘어진다는 뜻으로, 배를 움켜 쥐고 엎드려질 정도로 우스움을 뜻함
610	表裏不同 표리부동	겉과 속이 같지 않다는 뜻으로, 겉모습과 속마음이 다름을 이름
611	風樹之嘆 풍수지탄	바람과 나무의 탄식이라는 뜻으로, 어버이가 돌아가시어 효도를 하고 싶어도 할 수 없는 슬픔을 이르는 말
612	風前燈火 풍전등화	바람 앞의 등불 이라는 뜻으로, 존망이 달린 매우 위급한 상태를 이르는 말
613	筆耕硯田 필경연전	벼루를 밭으로 삼고, 붓으로 간다는 뜻으로, 문필로써 생활함을 비유해 이르는 말
614	筆端風雨 필단풍우	시문(詩文)을 짓는 붓끝이 비바람이 지나가듯이 빠름
615	筆力縱橫 필력종횡	문장을 자유자재로 잘 지음을 이르는 말
616	匹馬單騎 필마단기	혼자 한 필의 말을 타고 감
617	匹馬單槍 필마단창	한 필의 말과 한 자루의 창이라는 뜻으로, 간단한 무장을 이르는 말
618	必亡乃已 필망내이	틀림 없이 꼭 망하고야 맒
619	必無是理 필무시리	결코 이러할 이치가 없음
620	筆問筆答 필문필답	질문을 글로 써서 보이고, 이것에 대하여 회답을 글로 써서 보이는 일. 구두에 의하지 아니하고 글을 써서 문답하는 일
621	匹夫之勇 필부지용	한 사나이의 용기라는 뜻으로, 혈기만 믿고 함부로 덤비는 소인의 용기를 이르는 말

622	匹夫匹婦 필부필부	평범한 남자와 여자라는 뜻으로, 평범한 보통사람
623	夏葛冬裘 하갈동구	여름의 서늘한 베옷과 겨울의 따뜻한 갖옷이란 뜻으로, 곧 격에 맞음을 이르는 말
624	何見之晚 하견지만	어찌 보는 바가 늦느냐는 뜻으로, 깨달음이 늦음을 이르는 말
625	何其多也 하기다야	의외로 많음을 이르는 말
626	何難之有 하난지유	아주 쉬운 것
627	何待明年 하대명년	어찌 명년(明年)을 기다리랴의 뜻으로, 기다리기가 매우 지루함을 이르는 말
628	河圖洛書 하도낙서	고대 중국에서 예언이나 수리의 기본이 된 책
629	河東獅吼 하동사후	하동(河東) 땅에 사자(獅子)가 울부짖다라는 뜻으로, 성질이 사나운 여자를 비유하는 말
630	賀冬至使 하등통회	통회의 한 가지. 범죄의 결과로 자기 몸에 해가 미치는 까닭에 생기는 뉘우침
631	夏爐冬扇 하로동선	여름의 화로와 겨울의 부채라는 뜻으로, 아무 소용없는 말이나 재주를 비유하여 이르는 말, 또는 철에 맞지 않거나 쓸모없는 사물을 비유하여 이르는 말
632	下石上臺 하석상대	아랫돌을 빼서 윗돌을 괸다는 뜻으로, 임시변통으로 이리저리 둘러맞춘다는 뜻
633	鶴首苦待 학수고대	학처럼 목을 빼고 괴로울 정도로 기다린다는 뜻으로, 몹시 기다림을 뜻하는 말
634	漢江投石 한강투석	한강에 돌을 던진다는 뜻으로, 아무리 해도 헛된 일을 하는 어리석은 행동을 이르는 말
635	邯鄲之夢 한단지몽	옛 조 나라 한단에서 여옹이 잠시 베개를 베고 누워 꾼 꿈이라는 데서 한바탕의 꿈, 헛된 영화나 덧없는 일을 비유하는 말

636	汗牛充棟 한우충동	수레에 실으면 소가 땀을 뻘뻘 흘리고, 집안에 쌓으면 마룻대까지 가득 채워진다는 뜻으로, 읽어야 할 많은 책을 뜻함
637	含憤蓄怨 함분축원	분을 머금으며 원한을 쌓는다는 뜻으로, 원통하고 분한 일이 많음을 뜻함
638	含哺鼓腹 함포고복	입에 먹을 것을 가득 씹으며 배를 두드린다는 뜻으로, 백성이 배불리 먹고 즐겁게 지내는 평화로운 모습
639	咸興差使 함흥차사	함흥 별궁의 이성계에게 옥쇄를 가지러 간 차사들이 돌아오지 않음에서 연유한 것으로 심부름을 간 사람이 아무리 기다려도 소식이 감감할 때, 한번 가기만 하면 무소식의 뜻을 지님
640	合縱連橫 합종연횡	세로로 합하고 가로로 연결한다는 뜻으로, 강국 진나라에 대항하기 위한 소진과 장의의 외교전술. 합종은 강한 자에 대항하여 약한 자들이 협력하는 것이고, 연횡은 강한 자와 약한 자가 결탁하는 것을 뜻함
641	虛張聲勢 허장성세	실력이 없으면서 허풍스런 언행으로 과장함. 허세를 부림
642	懸河之辨 현하지변	큰 강물이 쏟아져 내리는 듯한 말솜씨라는 뜻으로, 거침없이 말을 잘함을 뜻함

[저자 약력]

김 종 세(金鍾世)

계명대학교 법과대학 수석졸업
한양대학교 대학원 법학석사·법학박사
독일 콘스탄츠대학교 유학(DAAD지원 장학생)
법무부 연구위원
국회사무처 시험 출제위원
중앙소방학교 소방간부시험 출제위원
법무부 변호사시험 출제위원
법무부 사법시험 출제위원
대구광역시 달서구 선거방송토론위원회 위원
계명대학교 법학과 학과장
계명대학교 이민다문화센터장
계명대학교 이민다문화사회학과장
계명대학교 기획부처장
대구지방검찰청 서부지청 검찰시민위원회 위원장
미국 앨라바마주 오번대학교 초청교수
현재 계명대학교 법학과 교수
　　　대구광역시 시설관리공단 이사
　　　금화복지재단 이사

학회활동

한국법학회 회원, 부회장
한국법이론실무학회 회원, 부회장
한국헌법학회 회원, 이사
한국공법학회 회원, 이사
한국토지공법학회 회원, 이사
한국비교공법학회 회원, 이사
한국환경법학회 회원, 이사
한국법정책학회 회원, 이사
전국법학교수협의회, 간사

저서 및 논문

헌법판례 Ⅱ – 성과 인권(피앤씨미디어, 2017)
헌법판례 Ⅰ – 다수 위헌의견(피앤씨미디어, 2016)
경찰권 발동의 근거로서 위험의 개념과 양태 외 70여 편

제2판
法學徒를 위한 漢字法律用語

초판발행	2016년 10월 31일
제2판인쇄	2019년 4월 25일
제2판발행	2019년 4월 30일

지은이　　김종세
펴낸이　　박노일

총괄기획　김중용·최준규
편　 집　 심성보·김인숙

펴낸곳　　피엔씨 미디어
　　　　　경기도 고양시 일산동구 강송로 153 310-1501
　　　　　등록 제396-2012-000203호
전　 화　 070)7550-3758　　팩　스　02)718-8554
홈페이지　www.pncmedia.co.kr　　이메일　pnc@pncmedia.co.kr
ISBN　　 979-11-5730-615-2　　93360

※ 무단복사 및 전재를 금합니다. 파본 및 낙장본은 교환하여 드립니다.

정　 가　　15,000원